JN087725

中学受験を魔界にしない！
合格×親子の幸せを叶える！

オンラインを駆使した中学受験2.0

TECHNOLOGY
COLLABORATION

伊藤潤
（シグマTECH代表）

EXPLORATION
ONLINE
SUPER SUPPORTER

NEXT
VISION

はじめに

中学受験は「魔界」

中学受験は全ての人が行う受験ではありませんが、主体的に経験できれば、子どもはもちろんその親も成長できる素晴らしい機会となります。

一方で、今の中学受験は過当競争とも言える状況です。「小学5年生までに中学受験内容を一通り終わらせる」というかつては一部の子にのみ適用されていた高速カリキュラムが、今や大手塾のスタンダードになり、多くの子どもにハイスピードでの学習が求められています。

その学習をサポートするのは塾の仕事ではなく、親の仕事です。子どもの競争はもちろん、親がどのように子どもをサポートするかという親の競争にまで発展しています。そのため、受験や塾を活用していく知識がないままその世界に足を踏み入れると、気がつくといつも不安や時間に追われながら親子で必死に宿題をこなすという「魔界」のような世界に陥ってしまうのです。

そして、「我が子のために」と必死でサポートすればするほど、親子ともに辛さが増す底なし沼にはまってしまうことさえあります。安定して上位が取れる子はいいのですが、毎月のテストの結果によって変わるクラス編成や席順、模試の成績におびえ、不安にさらされながら勉強する日々を送ることになります。

塾に入る。親が勉強をサポートしながら上位クラスを維持する。模試の成績に親子で一喜一憂しながら、志望校合格のために努力をする。けれど、難関校や上位クラスの人数は限られています。その中でうまくいかない子は必ず出ます。そうならないように、より上を目指すために、今や、中学受験をする家庭では、たくさんのことを我慢し、諦めながら、努力することが求められています。

中学受験をすること＝諦めることが多い現状

中学受験をさせる目的を聞くと様々な理由がありますが、突き詰めると「子どもの将来のために」という理由に行き着きます。

高級ブランドやアクセサリーを買うような親の見栄のために、子どもを受験させたいと願う人はほとんどいません。また、中学校から私立に通わせる経済的な負担は、受験塾代から考えても、公立に通う場合と比べてより多くかかります。

それでも、「中高生時代をより良い先生、友達、環境で過ごさせたい」と願う親心から、中学受験を選択する人は多いのです。ところが、合格のためにたくさんの「諦めなければいけないこと」があるのも事実です。たとえば「夕ご飯をお家で食べること」や「早い時間の就寝」や「習い事の継続」などです。はたして本当にこれらは諦めないと中学受験で合格はできないのか、と私はずっと疑問に思ってきました。テクノロジーが進んできた現在、これまでの受験業界の常識から一度離れ、子どもの健全な成長にとって大事なことを優先できる、諦めなくてもいい中学受験の仕組みが実現できるのではないかと思っています。

努力することと我慢してやり抜くことは違う

中学受験において、努力することは、もちろん大切なことです。成長や結果を残すために必要な努力は、どの世界でも不可欠なことでしょう。ただ、目標に向かって頑張ることと、様々な我慢と諦めを求められ強要されることとは、全く別の話です。

最近、将来生きるチカラとして、「やり抜く力＝グリット（ＧＲＩＴ）」が大切だと言われています。ただ、根性論で我慢をさせる中でやり抜く力を身につけるのではなく、自分が主体的に努力する中でこそグリットは育まれるべきです。そもそも、ＧＲＩＴのＩとは、Ｉｎｉｔｉａｔｉｖｅ（自発性）のことを意味しています。

合格の先につづく「学ぶことの楽しさ」

社会に出ると、与えられたものを我慢してなんとかやりきることよりも、自分で問題意識を持ち、解決策を考え、行動できる人が求められます。様々なことを工夫したりおもしろがれたりできるのは、そのプロセスが楽しかったり、人との温かな繋がりがあったりするときです。自分が好きで行っているときや心理的安全性がある中で、人は創意工夫をするようになります。勉強とは、中学校入学以降もつづいていくものです。だからこそ、「勉強って楽しいな！」というような学習観を受験のプロセスの中で味わいつづけ、それが学ぶ源泉になることは、これからの長い人生の学びを支える意味でも大切です。

夕ご飯をお家で食べられない中学受験

中学受験で諦めたくないもので、私が特に大切にしたいのは、家族で夕ご飯を食べることです。首都圏の中学受験塾の多くは、小学5年生以降、塾でお弁当を食べて21時まで勉強したり、お弁当無しで21時頃まで連続して授業を受けたりします。家庭にとって、お弁当を作る苦労や、塾から帰ってきたら素早くご飯を食べさせる負担も軽くはありませんが、何より小学生時代に家族でゆっくり食事を取る時間の喪失が問題だと思っています。今の多くの受験塾の仕組みでは、家族でゆっくりと夕ご飯を食べる幸せと志望中学校の合格は両立できていないのです。

私自身がこのような中学受験の世界に15年以上いて、安全管理のため、教室の中で、子どもがお弁当を食べる姿を長く見てきました。そして、少なくともコロナ禍以前は、塾でお弁当を食べる時間は、大切な休憩時間で、学校での給食と同じように、楽しそうにおしゃべりをしながら、お母さんが作ってくれたお弁当を美味しそうに食べる子どももたくさんいました。

ただ、それでも、夕ご飯を家族でゆっくり食べられないことが、中学受験塾に通う全ての家庭に対して、前提となっていることには強い違和感がありました。そうではない受験の仕方はないのだろうか、ずっとこの想いを抱きつづけていました。

5人兄弟で育った子ども時代～家族が一緒の幸せな夕ご飯

私は家族と時間を気にせず美味しい食事をとるとき、仲間とお酒を飲みながら話をするときが大好きで、幸せを実感する時間です。

小学生だからといって受験で目標に向かって頑張ることをかわいそうに思ったことはありませんが、夕ご飯を家で食べられない生活を全家庭に強要していることには、中学受験業界では常識とはいえ、心苦しさを感じてきました。

それは私自身が中学受験を経験しておらず、夕ご飯を5人兄弟でワイワイ話しながらとることを幸せに感じていたという育ちにも関係があるのかもしれません。兄弟と母と食事をすることは、私にとっては当たり前の小学校時代の風景でした。また、父とは平日食事を共にすることはありませんでしたが、週末、父親も含めて家族全員で食べる夕ご飯は、いつもより豪華な食事になることも関係して、大好きでした。5人兄弟でしたから、食費はとても高かったです。週末、車で郊外のショッピングモールのスーパーにでかけ、買い物かごいっぱいに食品を買い込み、1メートル近くにも達したレシートが

10万円を超えているときもありました。それでも、「兄弟が多くても、食事はしっかりとらせる」と言っていた父の言葉はいまだに忘れられません。

コロナでそれまで当たり前だったことが様々見直しを迫られていると思います。そんな中、マスク無しでゆっくりと家族で食事できるということは、以前は当たり前のことでしたが、今ではより一層豊かで、幸せを感じられる食事環境となっているのではないでしょうか。そういった家族の食事の時間を、0にしない受験の仕組みを作りたいと、常々思ってきました。

シグマTECHとは

私がシグマTECHという塾を始めたのは、たくさんの子どもの中学受験を見守る中で、「全員が一律で夜遅くまで塾に通わなくても合格できるのではないか」という疑問が湧いたからです。スポーツなどをつづけながら限られた通塾時間や勉強時間で合格する子、小学6年生から受験を始めても最難関校に合格する子など、必要なカリキュラムや勉強時間から大きく逸脱しても合格する子はたくさんいます。もちろんその子が受験を始めるまでに育んできた力の影響は間違いなくあるでしょう。しかし、今の常識とされる宿題・通塾時間は、全員共通であるがゆえに、過剰な部分が多いことも明らかです。

結局大切なのは、塾のシステムに合わせてもらうのではなく、一人ひとりの子に合わせられる塾を作ることではないかと思いました。そのためには、とことん一人ひとりを観察し、わからないままを放置せず質問対応など自学をサポートできる塾、そして全員一律の塾時間は短くすることで、各家庭が多様な選択肢をとれる余白を作ってあげること、そして夕ご飯を家庭でゆっくり食べられ、睡眠時間もしっかり取った上で、健全な生活リズムの中で、受験ができる仕組みを作る塾を作ろうと決意しました。

そんな私の想いを具現化させる場所を与えてくださったのが、花まるグループの受験塾部門です。花まるグループは、「勉強って楽しいな！」と思うことこそを大切にしていて、年中～小学6年生までのコースがある花まる学習会と、その受験部門である小学3年生～中学3年生までの子が通うスクールＦＣというものがあります。スクールＦＣは受験塾ですが、合格だけがゴールではなく、その先の自立を目指した塾となっています。実際には、スクールＦＣという塾を主軸に、西郡学習道場という塾も展開し、どんな子でも学ぶ力はあって、自立した大人になれるという信念のもと、その子にあったコースに案内できるようになっています。小学4年生の時点で学習習慣が身につきにくい子は、伸びないい子はいないという信念の西郡学習道場という場所で見ていきます。その子にあった伸び方をサポートするのは、受験勉強中・受験結果・進学先と全てを大切にする「幸せな受験」というのが、スクールFC全体で掲げている理念だからです。

この仕組みにプラスしてシグマTECHという「お家で夕ご飯を食べながら、幸せな中学受験を実現する」という仕組み作りに挑戦させてもらったのです。価値観が多様化する現代において、遠方であることによる通塾を減らしたい、もしくは「夕ご飯は家族で」というポリシーがある、習い事をどうしてもつづけさせたいなどご家庭の方針がある方に集まっていただき、2019年にスタートしました。

私は元々、花まる学習会（年中〜小学6年生までの塾）の教室長とスクールFCでの受験生対応の掛け持ちをしていました。そこで年中〜小学3年生まで担当した子を、スクールFCで小学4年生から受け持つということもして、子どもたちの成長だけでなく、保護者の方の想いの変遷などを見ることができました。幼児期から花まる学習会に通う保護者の方がどのような悩み・不安を抱えやすいのか、首都圏の受験に対してどんなイメージを持ち、どんなことを不安に思い、何を知りたいのかなどを痛感できたことも、大きな財産になっています。そんな保護者の悩み・不安・「もっとこうだったらいいのに！」という気持ちと、私自身の「もっとこういう仕組みが作れないか」という気持ちを合わせて作った（日々、試行錯誤して改善しています）のが、「**お家でゆっくり夕ご飯を食べながら、中学受験もする**」というシグマＴＥＣＨなのです。

中学受験とは、家庭の方針が再度わかるもの

都内では特に、中学受験をするのが当たり前という地域が多いのも事実です。それぐらい私立の中学校もたくさんあります。親御さん自身も首都圏の私立の中高一貫校の出という方もいらっしゃると思いますが、地方出身で大学で初めて都内に出てきたという親御さんも多くいらっしゃいます。そういった方は一様に、「こんなに勉強する必要があるのか？」という疑問にぶち当たるそうです。

中学受験の産業が成熟してきて、過当競争になっているのは、内部にいる者から見ても明らかです。数十年前とは、大変さがまるで異なっているので、親御さん自身が中学受験を経験していたとしても、その時とはだいぶ装いが違っているとも言えそうです。

更に、生き方も働き方も多様化し、正解がない中で自分の生き方を自分で選んでこそ、幸せになっていけるという時代になりました。このような時代だからこそ、中学受験を「よく考えて選択すること」は、お子さんの人生の中でも、ご家庭としてもいい経験にすることができるのだと、私は考えています。

豊かさや幸せを感じる心は、自分の内側にしか存在しません。条件や「一般的に幸せとされる環境」にいても、それを幸せと感じるかどうかは、その人次第です。自分が何を幸せと感じ、何に喜びを感じるのかを知っていく、そのために自分の考え、気持ち、価値観を徐々に明確にし、「自分で決めていく」ということが幸せへの第一歩なのではないかと思います。中学受験は、いい大学へ行くためのパスポートではなく、豊かな中高時代を過ごすために選ぶものでもあると思います。自分たちで納得のいく場所を「選ぶ」ことで、お子さんはもちろん、親御さん自身の価値観や考え方、何を幸せ・豊かと感じるのかなどということもわかるようになってくるのではないでしょうか。そのように検討した結果、受験をしないという結論もとても大切な選択の一つです。

中学受験は小学4年生〜6年生という大切な3年間をかけるものですし、その先の中学高校という6年間、過ごす環境をも左右するものです。中学受験勉強は、高校受験・大学受験と違い、親の関わりも必要になるため、計り知れない「時間」が必要になる受験です。現実面では、3年間の塾代もかかります。

この大切な時間とコストがかかる受験だからこそ、うまく活用してご家庭の方針が明確になり、家族一丸となって「幸せな受験」にしてもらえることを願っています。

中学受験2・0へ

教育にテクノロジーを使うことで、これまでは我慢し諦めるのが常識だったことも、解決できる時代になりました。

本書では、小学生時代の豊かさや幸せを諦めず、受験業界側の都合に合わせてきたことをやめて、中学受験を通じて、子どもも家族も共に成長するための方法、中学受験2・0を提案します。

目次

第3章　中学受験2・0　シグマTECHの取り組み

小学校生活全体の豊かさのために、テクノロジーを有効活用する新しい受験塾

第1章

魔界化した中学受験に陥らないための10か条

私が、志望校への合格とともに一番大切にしたいことは、夕ご飯をお家で食べられるようにすることです。夕ご飯を家で食べられるように塾時間を設定することは、夜遅くに就寝することを避けることにも繋がります。小学生が健全な生活リズムを過ごし成長する中で中学受験をする、それを全力で応援したいと思っています。

現在の中学受験は、難関校に向けたカリキュラムで多くの子が学んでおり、それについていくためにハイスピードで大量の学習が求められています。その勉強のために、ほとんどの塾では、通塾回数や授業時間、宿題が多いのです。しかし、全員に一律のカリキュラムを行っているため、できる・できないに関わらず、全員が同じような問題を何度も反復練習しなければいけない仕組みになっているのです。一人ひとりを丁寧に観察し、個々に合わせて内容を調整することができれば、その量を大きく減らすことは可能です。

たとえば、デジタルノートチェックで宿題ノートを授業担当の先生が毎回目を通してフィードバックをしたり、オンライン個別指導を毎週全員に行い、一人ひとりの理解度に応じたその子だけの授業を行うというような様々な工夫で、勉強濃度を高めています。それにより、夕ご飯をゆっくりお家で食べてもカリキュラムをこなせるような仕組みを作り上げました。

夕ご飯をお家で食べることは小学生の心身の健全な成長には欠かせません。夜遅くなりすぎず、夕ご飯を家族で食べることは、偏食や肥満を防ぐことにも繋がります。

家族で食べる夕ご飯は外食でも、ウーバーイーツでも、良いと思います。大切なのは家族がコミュニケーションを取りながらゆったりと一緒に食事をすることです。楽しくおしゃべりをしてコミュニケーションをとりながら夕ご飯を食べる時間は、子どもの心の落ち着きと成長にも欠かせないと考えています。

もちろん仕事や様々な関係で、そうした時間を作ることが難しいこともあるでしょう。だからこそ、せめて小学生の間は塾がその時間を邪魔しないようにしたいのです。

弁当を持っていき、夜遅くまで塾で学ぶ。または塾が21時まで食事なしでつづき、家に帰ってからご飯を食べる。もちろんその中でも、少しでも栄養のあるものを食べさせたり、塾のある日は消化のよいものや早く食べられるものなど、子どものために様々な工夫をしているご家庭は多くいらっしゃいます。しかし、親にとっても、そのような生活サイクルでの負担は軽くはありません。

なんとか朝、時間をやりくりして塾弁を作り、学校が終わると子どもを塾に送り出す。塾の終了は21時頃、その後帰宅して、お風呂・寝支度・明日の学校の準備とやっていると、あっという間に23～24時になってしまいます。そんなせわしないスケジュールの中では、子どもと親御さんとのコミュニケーションもままならない、ということになりがちです。

私は、これからの時代は主体的な学びこそが大切になると思います。そして、夕ご飯をお家で食べることは、主体的な学びの土台になるのではないかと考えています。


人生が100年時代になり、AIが人に替わって仕事をする時代がすぐそこまで来ています。AIの活躍の場が拡がる反面、人が働く意義、人だからこそできることが求められており、その鍵は主体性・独創性にあると思います。だからこそ、これからの教育は、今まで以上に子どもが「自ら学ぶ力」を育てること、そして「学びつづける姿勢」を育むことが重要なのではないでしょうか。

そのためには、子ども自身が「学びが好き」「勉強っておもしろい」「学習は大切だ」「成長できることが嬉しい」という実感を持つことが大切です。もっと突き詰めれば、「こういう勉強の仕方をすると自分は楽しい」ということを、実感してほしいのです。そして、自分に合った学び方までも創出できるようになることが理想です。

一方で、主体性・独創性を育むときに、それを阻むのは、「強制」です。「将来のためだから」「あなたのために言っているの」そういった言葉がけは、子どもの意欲の芽を摘んでしまいます。たしかに、グリットとも呼ばれる「やり抜く力」は、大切です。しかし、やらされ感の中でそれを身につけるより、子どもが自分事として取り組み、夢中という楽しさを感じながら、その力を育むことができるのなら、これほど素晴らしいことはないと思います。

夜遅くまでの生活サイクルを「強制」せず、家庭でおしゃべりをしながらゆっくり食事をすること。つまり、家族との夕ご飯の温かいコミュニケーションで主体的な学びの土台を作るのです。

子どもと親が一緒に食卓を囲むこと、幼少期には当たり前のことかもしれませんが、長い人生で考えると実は限られた時間です。家族が一緒に話しながら食事を取ること、そこには、「豊かで温かい時間」が流れているはずです。その時間は、成長期の子どもを持つ家庭には特に欠かせないものだと思います。

合格するという目的のためには、それは綺麗事のように思われるかもしれません。しかし、むしろ健全な生活サイクルで過ごすことこそが前向きな日々に繋がり、頑張ること、合格することにもプラスの影響があると考えています。中学受験業界の仕組みが確立されている現代において、少しでも多様な価値観を受け入れられる中学受験のあり方を提供できたらいいなと思っております。

【諦めたくない1】夕ご飯をお家で食べる生活

私は、食事は最高のコミュニケーションだと昔から考えています。アメリカ・ミネソタ大学の調査でも「家族みんなで夕食を共にする回数」についての興味深い結果が出ているので、ご紹介します。

これは、米国の25州213都市の小学6年生から高校3年生、9万9462人を対象にした調査です。家族みんなで夕食を共にする回数が週に0〜1回の子どもは、週5回以上の子どもに比べ、さまざまなリスクが高まることがわかったそうです。

家族みんなで夕食を共にする回数が
週に0〜1回の子どものリスクvs週5回以上の子どものリスク（＊）

［1］アルコールの使用：38．0％vs20．2％

〔2〕喫煙：31．4％ｖｓ13．0％
〔3〕薬物使用：29．1％ｖｓ12．0％
〔4〕3回以上の性交経験：30．2％ｖｓ11．8％
〔5〕うつ病／自殺リスク：35．7％ｖｓ17．5％
〔6〕反社会的な行動：33．0％ｖｓ17．5％
〔7〕暴力：41．8％ｖｓ29．7％
〔8〕学校での問題：30．6％ｖｓ14．6％
〔9〕過食や嘔吐：16．8％ｖｓ9．8％
〔10〕極端な体重減少：19．9％ｖｓ10．9％

＊＊「『一緒に夕食を食べる』ことの凄いメリット　医学博士 大西睦子のそれって本当？食・医療・健康のナゾ」（日経トレンディ2016／4／15）より

私自身、家族とおしゃべりしながらご飯を食べるとき、気の合う仲間とゆっくりご飯を食べるとき（コロナ禍で最近なかなかできないのですが）が、至福の時間だと思っています。だからこそ、子どもたちに良質な受験勉強の提供だけでなく、「お家で夕ご飯を

＊参考文献
Journal of Adolescent Health「Family Dinner Meal Frequency and Adolescent Development: Relationships with Developmental Assets and High-Risk Behaviors」

食べる」ことも可能にする仕組みを作りたいと思い、やってきました。

中学受験をさせようと思っている方の多くは、「夜遅くまで塾で勉強」「塾で夕ご飯」などが当たり前だと思っているのではないでしょうか。たしかに、学校が終わったあとの時間に小学3年生〜6年生くらいまでの受験生を塾で受け入れるとなると、先生の数、部屋の数などの兼ね合いから、夜遅くまで時間割が入ってしまうのは、今の中学受験塾のカリキュラム上、仕方がないことともいえます。しかし、テクノロジーが進化してきた現代ならば、その仕組みを変えられるのではないかと思い、新たな仕組み作りに挑戦してみることにしました。

中学受験の世界に入り小学5年生頃になると、第一優先が受験勉強になり、夕ご飯をお家で食べないどころか、家族で出かける時間より塾の勉強が優先されることが多いです。これはカリキュラムの速さとその宿題の量から、出かけていたら時間が足りないからです。宿題なんてそこそこにして家族で遊びに行くほうが大切だと思える家庭は少なく、「遊ぶのは後からでもできます」と言われたり、「受験勉強を優先しないと落ちたときに後悔するのではないか…」と精神的に追い詰められたりして、諦めてしまうことがほとんどです。子ども自身も「出かけるよりちゃんと勉強をしたい」と主体的に出かけないことを選ぶ子も多いです。もちろん、子どもが主体的に夢中で勉強をしているときに、あえて家族でキャンプに行った方がいいと言っているわけではありません。

受験勉強は期限があるとはいえ、長い期間向き合うものです。更に、受験はゴールではなく、人生の通過点なのです。だからこそ、犠牲にし過ぎない受験をしてほしいと思っているのです。ちなみに、中学受験は、合格することだけが幸せなのでしょうか。シグマTECHが所属するスクールFCが掲げている幸せな受験とは、「受験勉強の過程」と「受験結果」と「進学先」全てで幸せになるということを目指しています。プロセスにも価値を置き、今この瞬間にある目の前の幸せを味わうことが最大のポイントです。その中で、より自分や他者を幸せにできるために、自立してメシが食え、魅力的な人になるために、成長の絶好の機会として中学受験を利用してほしいのです。

その学年のその季節は二度とやってきません。だからこそ、「倒れるくらい頑張って、ときにはたくさんの犠牲を払って、受験の合格を勝ち取ることが大切だ！」という以外の選択肢もあると思うのです。

私は、中学受験をするご家庭には、「塾や合格よりも優先させるものを最初に決める」

ということをお勧めしています。これは、子どものために頑張ることが家庭を追い詰める可能性があり、魔界化した中学受験の世界に陥りそうになったときに、家庭の軸を取り戻すための一つの指針になるからです。

漫画『ドラゴン桜2』（講談社）には、東大合格必勝法として、

1 一緒に朝ご飯を食べること
2 何か一つでも家事をさせること
3 適度に運動させること
4 毎日同じ時間に風呂に入らせること
5 体調が悪いときは無理させず、休ませること
6 リビングはいつでも片付けておくこと
7 勉強に口出しをしないこと
8 夫婦仲を良くすること
9 月に一度家族で外食すること
10 この10ヵ条を父親と共有すること

というものが載っています。

これは、生活習慣を崩さないこと、受験にかこつけて生活面を怠惰にしないこと、家族という基盤となるコミュニティをないがしろにしないこと、勉強よりも大事なのは健康に生きられることを伝えているのではないかと思います。そして、それが勉強をして成果をあげていく上での基盤を安定させることにも繋がるという意味でしょう。

私がお勧めする「塾や合格よりも優先させるものを家族で最初に決める」というのは、これに似た部分があります。内容、項目はご家庭ごとに決めていただいて構いません。これを決めることが、家庭の安定ということにも繋がります。家庭が安定することは、家族という環境に影響を受けやすい小学生が受験勉強をしていく上ではとても重要なことだと思います。

たとえば、家族皆の心が踊ることが「キャンプに行くこと」なのだとしたら、夏休みに家族で1泊のキャンプに行くことは、優先させることとして決めてもいいのだと思います。もしくは、東大合格必勝法のように、「月に一度は、家族皆で外食に行く」というものでもいいと思います。

そして、家庭が安定するために必要なのは、「軸がぶれないこと」と「おおらかであること」です。〝おおらか〟とは精神的なゆとりがある状態です。子どもがなにかトラブルを起こしても、笑い飛ばす。または、目くじらを立てずに受け止められる余裕さとでもいいましょうか。人に相談するのが上手な人、夫婦で悩みを話し合えている人には、おおらかな人が多い印象があります。いずれにせよ、「軸がぶれないこと」を心がけて、受験勉強第一優先主義を抜け出すようにすることが大切です。

魔界化した中学受験に陥らない❶
勉強よりも優先させる生活習慣を一つは決める

【諦めたくない2】睡眠時間をしっかりとる生活

中学受験塾に通い始めた子が、小学校で眠たそうにしているというのは、よく聞く話です。中学受験塾には、通常の学校の宿題に加えて、遅い時間まで授業があったり、授業後も宿題をする時間が必要になったりということで、夜遅くまで宿題をやる、もしくは眠い中起きて勉強をすることがあります。やることが多いため、どうしても睡眠時間が削られがちなのです。

しかし、小学4～6年生というのは、まさに第二次性徴に差し掛かる大切な時期です。学習面に困らないということだけで、睡眠不足の生活を3年間もつづけることは心身にとって、影響はないのでしょうか。身体や脳の発達について心配になる親御さんもいらっしゃると思います。

睡眠不足は、子どもの第二次性徴を早めるという研究結果もあるようです。また、東北大学の研究で、5～18歳の健康な子どもたち290名の脳のMRIを撮って比較した結果、睡眠時間の短い子どもほど、脳の「海馬」の体積が小さいことがわかったそうです。脳の研究もされている川島隆太さんは自著で、「『海馬』は記憶をつかさどる脳領域で、睡眠不足は脳の働きを低下させてしまっているだけではなく、脳自体を破壊してしまっている、もしくは脳の発達を遅らせてしまっている恐れがある事実がわかりました」という主旨のことを述べられています。その他、睡眠と発達の研究は進んでいて、言語発達に課題が起こるだけでなく集中力、情動面の問題が起こる、問題行動と優位に関連している、多動のリスクを高めるなど、様々な悪影響が報告されているそうです。

私が以前みていたMさんのご家庭の話です。Mさんのご家庭は、方針として、中学受験勉強を始めても、早寝早起きとしっかり睡眠時間をとるということを決めていました。まず小学3年生までに、早寝をし、そして5時台に起きる習慣を確立し、朝は勉強だけでなくピアノの練習、体を動かす体操などを織り交ぜ、飽きないように楽しくエクササイズをしていたそうです。

Mさんの受験生活はというと、21時や21時半に塾から電車で帰ってくるMさんを、お母さんは駅まで自転車で迎えに行き、さっと家に連れて帰り、お風呂で頭は洗ってあげ、ドライヤーをかけてあげて、塾の終了1時間以内には寝かせていたそうです。そうして、朝5時台に起きる生活リズムを崩さなかったそうです。宿題は基本的に朝の時間に済ませていたので、学校から帰ってきて塾のない日は友達と遊んだり、他の習い事を楽しんだりしていました。そして第一志望の難関校に見事合格をしました。

Ｍさんのご家庭は睡眠時間や朝型生活を諦めないために奮闘されていました。しかし、このようなやり方はなかなかできることではないとも思いますので、私は、そこに仕組み面からアプローチしていきたいと考えています。

ちなみに、エリアや塾によってスタンダードは少し異なります。週3の通塾で割と早い時間に家に帰り、家庭で勉強を見てもらうスタイルや、週5、6回のペースなどで22時くらいまで塾の自習室で自学をしてから帰るというようなスタイルもあります。それぞれの良し悪しはあると思いますが、関東の受験塾では、特に家庭での親の関与が求められているのが現状です。

魔界化した中学受験に陥らない 

受験や宿題で睡眠時間や生活リズムを犠牲にしない

【諦めたくない3】習い事をつづけること

人は自分が体験したことの中から、好きなものができ、好きだから「やりたい！」となり、行動の源となるやる気がみなぎっていくものです。逆に言うと、いろいろなことを経験することでしか、好きなことや得意なことは増えないのです。子どもたちの未来の可能性を増やすためにも、中学受験勉強期間中でもいろいろなことを経験させてあげたり、「大好きでやっている習い事」はつづけさせてあげたりしたいですよね。しかし、多くの中学受験をするご家庭・子どもたちは、特に小学5年生になるタイミングで習い事を諦めがちです。

では、本当に数年間「勉強だけ」にしてしまっていいのでしょうか。習い事をつづけたい子、つづけさせてあげたいと思う親御さんが多くても、受験の世界に足を踏み込むと、習い事の継続は難しいと判断される方がほとんどです。なぜなら、それは中学受験塾業界の仕組み「一律のカリキュラム、やりきれないくらいの宿題量」が原因なのです。今まではこのやり方がベストだと考えられていたのですが、時代や環境も変わり、テクノロジーも進化した現代も本当にそれしかやり方はないのでしょうか。私の考えとしては、それぞれが個性を持ち、得意不得意、できるところ・できないところが違う一人の人間なのですから、宿題の量ややり方も異なると思っています。

一人ひとりの宿題の量ややり方を確立させるための一つの方法として、カリキュラムを減らしたトップを目指さない受験コースというものもあります。しかし、シグマTECHでは、その方法ではなく、デジタル上でのノートチェックやオンラインを使った個別指導を行うことで、一人ひとりを見ながら、宿題の量を調整する方法をとることにしました。宿題ができていない子を把握した上で、意図的に見逃すこともあります。つまり、仕組みを変えて、先生側の対応を変えることで、宿題の量・やり方を一人ひとりに合わせた適切なものにしているのです。

たとえば、算数の宿題であれば、わからない問題があるとそれに1時間くらいかかることもあります。ただ、先生のサポートがあれば、10分で終わることもあるのです。〝同じ勉強〟をするということでも、漢字学習と算数の演習問題では、ベストな取り組み方は異なります。宿題に取り組む時間の質をあげるために、個別指導や平日に毎日開催するオンライン質問教室という仕組みを取り入れ、習い事をつづける時間も確保できるようにしました。

ちなみに、中学受験と習い事を両立させた子も何人もいます。Kくんは受験直前の一月以外は週5回スイミングにも通い、ジュニアオリンピックでも入賞したそうです。Kくんの言葉を借りると、「2000m泳いでから算数を解くと脳が冴える」とのことです。

また、同じ花まるグループのアノネ音楽教室に通いながら受験勉強をつづけている子どももたくさんいます。時々その演奏会を見るのですが、勉強とは違った一面で頑張っている姿と音楽の美しさには胸を打たれます。小学生時代に多様な場があることは、豊かな感性を育むためには欠かせないのではないかと思います。

魔界化した中学受験に陥らない❸
受験中は多くのことを諦めなくてはいけないという前提を疑う

【やめたい１】宿題をこなすことに追われる生活

受験塾の宿題は、毎回、全員に対して一律で、やりきれないくらいの量が出ます。それはなぜでしょうか。その大きな理由は、中学受験業界が成熟し、合格の方程式が確立されているからです。その方程式とは「先取り学習×大量パターン学習×徹底した競争主義」です。

「人より少しでも早く、大量に、激しく競いながら」勉強をすることは、小学校に通いつつ、放課後の時間に小学生がこなすキャパシティーを超えているのです。そのために、親のサポートがほぼ暗黙の了解的に求められ、結果として、「親の上手い関わり方」の競争にもなっているのです。

更に親御さんが中学受験経験者である場合に注意したいのは、学習量が数十年前の倍以上になっていることです。もともと、公立高校入試より難しい部分があるのが中学受験の問題です。それが更に2014年くらいから多くの大手塾で、カリキュラムを半年も早く終わらせるようになり、よりハイスピードになってきているのです。理由は簡単で、高速で少しでも早く学ばせ、初見の問題を無くし、入試でどんな問題が出てきても解けるようにするためです。大量のパターン演習を行い受験に臨むのが、今の中学受験の学習環境なのです。

また、塾のあり方がそれに拍車をかけています。徹底した入試問題の研究を行い、新しい問題を毎年追加して体系的なテキストにしています。それ自体は教務力の向上に繋がるので塾の姿勢としてはむしろ好ましいことです。一方で、入試を作成する側の中学校は、知識を覚えているから正解したという子ではなく、初めての問題でも手持ちの知識を駆使して考えられる子に合格してほしいと考えていますので、常に新しい切り口の問題を作成します。それをまた塾が初見を無くして、より多くの子が入試問題を突破できるようにするためにテキストに追加して、ページ数が増えていく……このいたちごっこの結果、誕生するのが「全員に一律で出すやりきれない量」の宿題なのです。

中学受験塾では、中学入試時に、自力で考えて解くべき問題を、パターン学習にし、誰でも覚えて解けるように変えているのです。パターン学習は、ある程度の量までは必要です。その量次第で、パターンを知らない子よりは応用問題にも活かせる可能性もあります。しかし、詰め込む量が増えすぎているのが現状で、更に過剰なパターン学習の詰め込みにより、パンクしてしまうだけでなく、「パターンが無いもの」への応用を考える姿勢が失われてしまう可能性すらあるのです。

栄光学園の数学の先生である井本陽久先生を取材した書籍『いま、ここで輝く。』（エッセンシャル出版社）の中では、井本先生が、高校2、3年生の大学受験勉強の姿勢を見て、「やり方を教えてもらって、それをパターンとして覚える」という方法をとる子が増えていることに違和感を覚え、「徹底して自分の頭を使えるようにするための授業」を創り出すようにしていかれたことが書かれています。

やりきれないくらいの量の宿題というのが一概に悪いわけではありません。そのことによって、より効率的に学べる方法やはかどるタイミングを見つけるための工夫をすることに繋がるからです。たとえば、暗記にかかる時間を30分から25分にするために、もっと自分にあった方法を探すといったこともその一つです。つまり、自分のキャパシティを少し超える量の宿題に挑戦することによってこそ、成長できることもあるのです。このように、学習における基礎体力をつけるという意味では、必要な面もあります。

ただ、全員に一律の宿題ということになってしまうと、「自分のキャパシティを少し超える量」が、それぞれの子の状況によって与えられるわけではないということは、明白です。結果、「宿題は全てきちんとやるべき」と、自分に合わない課題をただひたすらこなすだけになってしまうことがあるのです。そして、その努力で必ずしも伸びるとは限らず、ときに真面目に取り組んでいる子（家庭）が馬鹿を見る世界でもあるのです。

また、この全員一律の大量の宿題のこなし方は、何ができていて、何ができていないのかを考えない子が出てきてしまうことも問題なのです。漢字の勉強一つとっても、覚え方、覚えられる時間は人それぞれなのです。

シグマＴＥＣＨでは、中学受験の勉強をする約3年間を、一律の宿題をこなす時間にしてしまうのはもったいないと考え、各教科の宿題の情報を先生同士でも共有しながら、子どもそれぞれに「適度な負荷をかけて、伸びていける」ような宿題を設定する仕組みを作っています。

魔界化した中学受験に陥らない❹
宿題は取捨選択する

【やめたい2】有効なテクノロジーを活かさない受験

多くの大人が、オンライン会議システムが既にあった2019年でも、「毎日の出社は必須」だと思っていました。また、出社は必ずしも必要ではないとわかっている状況でも、「顔を合わせるメリットもあるから…」とリモートワークが進んでいかなかった実態がありました。しかし、2020年のコロナウィルスの出現による自粛期間を経て、「在宅ワーク」「リモートワーク」に挑戦し、「通勤すること」が必須ではなかったということに気がつき始めた人・会社も多かったのではないかと思います。

それと同じように、必ずしも、通塾することも毎回、全員にとって必須というわけではないのです。大人がオンライン会議に移行したように、テクノロジーが進化してきている現代では、中学受験の世界でもオンラインでできること、オフラインよりオンラインの方が効率的なことも出てきているのです。

今回のコロナ禍によって、オンラインでの仕事が日常化していくことで、同時に、逆説的ではありますが、「リアルの価値」についても、ますます感じられるようになったのではないでしょうか。

シグマTECHでは、元々「タご飯をお家で食べる塾」を実現させるために、以前からオンライン授業も行っていたのですが、コロナの影響で対面授業が制限されたことにより、「オンラインでもできることとリアルでしかできないこと」を、よりしっかりと考えることになりました。

社会全体としても、業界としても、「慣習」というものは少なからずあると思います。しかし、それは目的に照らし合わせてみたときに、もしくは、テクノロジーなどの進化や環境が変わったときにも、「まだ守りつづけるべき慣習」なのか、そうではないのかを定期的に考える必要があると思います。

今回のコロナ禍の自粛期間では、「オンラインでもできること」については、「オンラインでやるからこそ価値が出せること」に進化をさせました。オンラインをうまく使うことで、通塾の回数を減らしても、中学受験塾としての質を下げずに、むしろ上げたコンテンツを提供できるようにというのが大前提です。

これまでリアルの授業でチェックをしていたノートチェックは、デジタルに移行しています。ノートのチェックはリアルで行うよりも、授業前にオンライン上で行う方が効果的なものの一つです。目の前に子どもがいる状態でチェックをすると、時間の制約があるため、チェック漏れが出ることもありますし、その子の理解度などをきちんと把握し、分析して指導に活かすということが難しいのです。宿題のノートを受け取るときにその場で承認をすることは必要だとしても、その場で次々と「チェック」をすることには向かないのです。（なお、ノート法を大切にするスクールFCでは、ノートチェックのためのスタッフを別途配置して対応しています）

このようにオフラインでやっていたことを、ただオンラインに変更しただけでなく、テクノロジーを使い、一人ひとりを丁寧に観察できる仕組みになるように努めました。効率のためだけでなく、より相手と繋がる、理解するために、オンラインを活用するということが、私の方針です。

また、AIやテクノロジー（技術）に振り回されるのではなく、「どのように使うか」という視点も大切です。テクノロジーは使い方次第では、人間に対して良くも悪くも作用します。これからはAIが発達し、進化していくテクノロジーと切っても切れない時代になります。その中で、この技術は、こんなことに応用できるのではないか等、テクノロジーに「使われる」のではなく、「使う」視点を持つことが重要だと思っています。

魔界化した中学受験に陥らない❺

新しい受験勉強の形、学習法はないか？を考えてみる

【やめたい３】親が勉強の全面サポート

中学受験の世界に入ると、

・学習内容のサポート、・学習計画（何をいつやるか）のサポート、・情報の管理（模試データを活用しての志望校選び）は、親の役割として求められることが多くあります。どうしてこのような仕組みになっているのかというと、塾は授業をして「わかる」ようにさせるという役割を担い、「できるようにする」のは家庭の役割であると、多くの大手塾が考えているからです。一般的に「中学受験は親子二人三脚の受験」と言われるのは、この考え方があるためです。

一見、効率的な役割分担のように思えますが、どれほどの親が勉強の全面サポートまでしてあげることができるでしょうか。共働きの家庭が多くなっている時代に、自分の仕事、家の事以外に、子どもの勉強の全面管理まで入ってきたら、親のキャパシティもオーバーしてしまうご家庭も多いのではないでしょうか。また、全面サポートをしたら、その分だけ成績が伸びていくわけでもありません。その結果、親子それぞれが自分の努力ではどうにもならないことであるがゆえに歯がゆくなり、中学受験によって、親子関係が歪んでしまう家庭もあります。
親のサポートのおかげで、一人で勉強をするよりも効率的に点数をとる力に繋がることもあるのかもしれませんが、一方で、自立し、自律して学ぶ力を伸ばすことは、妨げられてしまっている可能性もあります。私は、優秀な親が子どもの主体性を無くしてしまうこともあるのではないかとすら思っています。ここで言う「優秀な親」というのは、このサポートがきっちりとできる方という意味です。子育てにおいて、自立には、「自転車の独り立ちのために補助輪を外せるように見守ってあげる」というようなことが必要だからです。

では、親がサポートすべきという考えの塾では、一般的に、どのようなことが行われているのかというと、模試が終わったら、多くの親が「この単元が弱かったら、このプリントをやりなさい」といった準備を求められています。（実情はやり直しをしたくても、次の宿題やテスト勉強に追われてその時間が確保できない家庭も多いと思います）このやり方は、分析のスキルを持っている親や、プラスαで家庭教師や個別塾にお願いをしている人ができるやり方でしょう。家庭教師や個別塾に頼めばできるかもしれませんが、分析スキルを兼ね備えた受験生の親というのは、どれほどいるのでしょうか。（これが、

ダブルスクールが当たり前になる背景です）

たとえば、過去に塾の先生をしていて、受験生を教えていたという方であればある程度はわかるかもしれません。しかし、そのような親ばかりではないでしょうし、たとえ受験生を教えた経験があっても全教科の分析ができるか……と考えると、ほぼ不可能と言ってもいいのではないかと思います。また分析ができるだけの知識があったとして、次に立ちはだかるのは、「我が子の壁」です。どんな教育者も「我が子」にも同じように教育ができるかというと、そうではないのが現状です。そう考えると、授業以外の場所で「できるようにする」というのは同意ですが、その担当は「専門性を持ったその塾の先生」が担った方が効率がいいのではないかと、私は思っています。子どものために塾の先生にとことん頼るのです。

親の関わり方について、私が以前見ていたSくんのお母さんの例を紹介します。

「私がフルタイムで働いているので、勉強内容は完全に先生方にお任せしました。『わからないことは先生に質問しておいで』と、ずっと自学室を利用しており、学校帰りに直行することもありましたし、小学6年生になるとほとんど毎日利用しました。

ただし、いい加減な算数の丸つけにキレてしまい、途中から算数だけは丸つけをサポートすることにしました。ときに、汚い字に『読めない！』とはねつけて親子喧嘩に発展することも。また、小学5年生から自学の習慣はつきながらも、スケジュールの見立ての甘さがあったため、小学6年生からはスケジュール管理も一緒にしました。それ以外は全て先生方に最後まで丸投げでした。その代わりに学校見学にはたくさん行きました。小学3年生の頃は、偏差値の高さに臆することもなかったので御三家、面倒見の良い男子校、国際色豊かな共学と様々な学校を見て回り、結局小学5年生のおわりまでに計23校の説明会と体験授業、学祭に行っていたので、比較的早くから息子が通うイメージがつく学校群を見つけることができました」

Sくんのお母さんのように、親が全面サポートをするという重荷はおろし、塾をとことん活用しましょう。親は塾に定期的に相談しましょう。そして、子どもは塾の先生に質問をできるようにしましょう。なかなか質問ができない塾もありますが、多くの先生は子どもの力になりたいと思っています。子どもが質問をすればそれに応えてくれます。しかし、子どもは質問するのが実はとても苦手です。自分が聞きたいことを的確な言葉で表現することがまだまだできず、質問するときには緊張を覚えます。また、質問は授業後に行うことが多いため、授業終了後の開放感や友達が帰る中で、自分だけが残って質問することは面倒臭くもあります。ですから、「わからないことがあったら質問してきなさい」と子どもに言うだけでは、なかなか自ら質問してくるようにはなりません。

一方で自分から相談して疑問を解決していく質問力は、仕事でも役立ちます。そのため、「メシが食える大人」になるために受験で身につけたいスキルの1つです。「この問題を教えてください」と自分の頭であまり考えずに質問するのではなく、まずは子どもが自ら解説を読みこんだ上で、「解説のここからが分からないので教えてください」といった質問ができるように小学5年生以降はなりたいです。さらに、質問に慣れていないうちは、聞きたいところを付箋で貼る、「今日、子どもが質問を持っていくので、お手数ですが質問に答えていただけますか」と事前に塾に連絡を入れておくなど、親が質問のお膳立てをしてあげて、子どもが自分で質問ができるようにサポートをしてあげてください。

魔界化した中学受験に陥らない

親自身が自らの適性を見極め、サポートの仕方を工夫する

■コラム　見守る母までの道

Mさんは年中から小学6年生まで花まるグループに通っている子です。花まるグループの特徴の一つである野外体験活動には季節ごとに参加していて、勉強合宿の翌日には元気にサマースクールに出かけていく、そんな女の子でした。

不安と向き合うときも、自分で考え解決するために行動することができた、まさに、私たちの目指す自立を体現したような子・ご家庭でした。

私がMさんに出会った小学4年生の頃、Mさんのお母さんは、「しっかり者の素敵なママさん」という印象でした。しかし、お母さんは過去を振り返り、このように言います。

「娘が小さい頃は母子間のコミュニケーションが良好ではありませんでした。それは私がMを支配していたので、Mが自分を抑えて、私の望むように行動しなければいけませんでした」

更に中学受験を始めたころにもたくさんの試練があったといいます。

「受験を決めた頃は、娘の想いに目を向けることはできませんでした。その頃、娘は決まって腹痛をおこし、塾に行きたくないと訴えました。私は、腹痛を治すことに目を向けてしまい、病院に通い、薬やサプリを試し、大腸マッサージを習得。足りないものは私の知識と思い込み、『何か良いもの』を求めて迷走しました。その後、ようやく娘と向き合い、『淋しい』気持ちを知ってからも、私の『この塾へ通ってほしい』気持ちを手放せず、幼い妹を連れて、電車でお茶の水まで往復する時期もありました。

それでも諦めずにお互いの気持ちをぶつけ、折り合いを模索しては、やり直すことを繰り返すうち、娘が自分で『受験をするために塾へ通う』選択をしたように思います」

どのようにして「迷走期間」から抜け出すことができたのか。その変化の根底にはお母さんの次のような気付きがあったそうです。

「子どもの価値観と私の価値観とは当然違う。価値観は、その人独自の貴重な経験が基になっている大切なもの。相手の価値観は大切に扱う。自分の価値観が正しいと考えて子どもに押し付けない。

これらを日常の些細なことにも当てはめて行動できるよう心掛けました。それでも譲れないことは、何度もお互いに擦り合わせ、試行を重ねました」

この結論は、ある日突然気づいたものではなく、小さな軌道修正の繰り返しの果てにたどり着いたものです。

Mさんはグループ塾（花まる学習会）に幼稚園生のころから通っています。幼稚園時代に担当していた先生はMさんのご家庭についてこのように言います。「途中で変わったきっかけがあったというよりかは、『我が子であっても思うようになるものではない。一人の別の人間なのだなぁ』と徐々に気づいていったのかなと思います。Mさん自身を1人の人間だと認識したところから子育てが変わった感じがしますね」

また受験勉強に関しては、「保護者会での『我々に任せて』の先生の言葉をきっかけに、徐々に手を引き、全てをお任せしました。門外漢の私の干渉は足を引っ張るだけ。宿題、テスト、模試にも口出しはしませんでした」と私たちを信じて任せてくれていました。口出しをする方が自分の不安を解消できるともいえるので、こうして任せることは大きな勇気がいることだっただろうと予想します。

Mさんへの対応の中でお母さんが特に大切にしていたことがあるそうです。

「日常、特に私が重要視したのは、故意に泣き止ませないこと。〝長時間の号泣〟も、彼女の溢れる想いからの行動なので、彼女自身が自分でけりをつけるまで見守り、少しでも共感できるように寄り添う。

泣き止ませるのは、周囲の目が気になったり、私の都合に合わせるための行為。気を逸らさせたり、彼女の心を勝手に推測して慰めの言葉や励ましの言葉を掛けることは絶対にしませんでした。彼女が自分で心を決められるように、ひたすら側に寄り添いました。

これは、塾の先生と母とは役割が違うので、先生の参考にはならないかもしれません…。ただ、私の欠かせないポリシーなので。これを今回の受験でも実行できたので、Ｍは自分の気持ちを掴めたと思っています」


低学年時代にＭさんを担当していた先生は、

「お母さんに関しては、本当に試行錯誤しながら子育てをされているというイメージでした。Ｍさんがまだ小学３年生頃ですが、泣いたときは『泣いても何も解決しない』と伝えていました。泣くことを止めることはないけれど、その先のことを考えさせるアクションをとっていたようです」と。

たくさんのお話から浮かび上がってくるＭさんのお母さんの姿。彼女は私が尊敬する「ニコニコ母さん」だったわけですが、初めからそうだったわけではないようです。けれども、試行錯誤の日々の中で「見守ることができるニコニコ母さん」に近づいていったのです。

最後に、この親子との受験での最後のシーンを紹介します。それは進学先を決める私との話し合いを終えた後のことです。

隣の部屋で待っていた妹に「ごめんねー」とニッコリ歩み寄るお母さん。「さあ帰ろう」と、妹はお母さんに頬ずりされ、姉のMにハグされる。そのときの妹のくすぐったそうな笑顔。そして教室を出て行く3人の後ろ姿。夕日に照らされる中、仲良く3人で手をつないで帰った光景の美しさ。まばゆいオレンジの中で満面の笑顔の3人。それは、昔、お母さんが作りたかった未来そのものだったのではないでしょうか。

【やめたい4】ワンオペ受験。反対しないが強く賛成もしない父親

最近は、とても協力的なお父さんが増えてきたように感じています。これは、中学受験を成功させる上では大切になってくると思います。元々、子どもの進学について興味があるお父さんもいらっしゃいますし、ご夫婦で役割分担をされているご家庭もあります。もちろんタイトルの【ワンオペ受験】＝シングルの親だと受験ができないという意味ではありません。ご夫婦がいらっしゃる場合、一枚岩ではない受験のことを指しています。

私がどうしてワンオペ受験を推奨していないのかというと、不安定になりやすいからです。特にお母さんのワンオペ受験がほとんどだった時代もありました。全体的に、父親よりも母親の方が「うちの子大丈夫かしら？」と不安をもちやすい傾向にあるようです。それでも、子どもが中学生くらいになると、手を離して見守ることができるのですが、そこまでいっていない小学3、4年生くらいから中学受験勉強は始まるので、お母さんが不安になってしまうことが多いのです。ですから、我が子の受験に協力的なお父さんには、保護者会や送迎以外に「お母さんが不安を吐き出せる相手」としてサポートしてほしい

ともお願いしています。

一方で、お父さんが中学受験に反対はしていないが、強く賛成をしていない場合には、少し注意が必要です。そういう場合、そもそも、「中学受験をする意味がよくわかっていない」ということがあるのです。「やりたいなら、やったらいいのでは?」という感じで、子どもの習い事の一つくらいに思っていることもあります。しかし、【やめたい1】でも触れたように、現代の中学受験は「親のサポート」を前提として進んでいることが多いのです。そうなると、お母さんがワンオペで受験のサポートをするには、労力面でも心の安定面的にも無理が生じてくるのです。お父さんが中学受験に対して強く賛成していない場合には、家族でするかどうかを決める方がいいということを伝え、一緒に「中学受験の世界」について学ぶことをお勧めしています。それが難しいようであれば、お母さんが「自分の親」など、精神的に頼れる、共感してもらえる相手が近くにいるか等も鑑みて、受験をするか決めた方がいいとお伝えしています。もちろん、シングルの家庭でも、中学受験をして合格を勝ち取っている方もいます。ただ、どうしても親のサポートが必要な受験ですので、その親が精神的・体力的に参ってしまわないように、いざというとき、何か困ったときに支えてもらえる人が近くにいる、体制があるということは、かなり重要になってくるのです。

また、学歴に強いこだわりがあるお父さんの場合は、悪気なく自分の価値観を子どもに押し付けてしまう可能性もあるので、これも要注意です。これは中学受験に限った話ではありませんが、自分が良くも悪くも強いこだわりを持っていることについては、しばし判断力が鈍ることは起こり得るものです。更に、自分の経験だけで、「俺は◯◯だったから…」と判断してしまう場合もありますが、これは「その人はそうだった＝サンプル数１」にすぎないのです。

日常的にその子の命を守り、目の前の危険から我が子を守ってきた母親に比べて、父親は少し離れて俯瞰的に子どもの成長を見守る傾向があります。「小学生からそんなに無理しなくても」という気持ちを持っている父親に、私はたくさん出会ってきました。

しかし、俯瞰的に子どもを見守る姿勢が中学受験勉強中は逆効果になるときがあります。中学受験で目の前で苦しんでいる我が子をなんとかしてあげたいと奮闘している母親にとって、父親からの「そんなに無理しなくていいんじゃない」とか「無理にする必要はないのに、子どもがやりたいから塾に通わせている。勉強しないなら塾も受験もやめなさい」といった「正論」は、現場を知らない言葉として、母親の共感が得られないのです。それが高じて、夫婦の不仲のトリガーになってしまうこともあります。たとえば、父親から「俺は小中学校はほとんど勉強しなかったけど、大学受験のときに勉強した。結局、本人次第だし、自分がやるときにやるんだから、小学生から無理にさせなくていいよ」と言われて、「そんなの私だってわかっている。でも、この子ができないまま、苦しんでいるままやめるのは、本当にこの子の先に繋がらないと思うからやってるんじゃない！」とか「口だけ出して、子どもがどう苦労しているかも知らないで、上から目線で言われたくない！」といった想いを抱かれている母親もたくさんいました。

中学受験にお父さんに参加してもらうコツとしてお勧めしているのは、「役割」（＝仕事）をお願いすることです。父親が自ら状況を察して、「これをやろうか？」というのは難しいことが多いようです。面談・保護者会・送り迎え・学校説明会などを担当してもらうのがお勧めです。男性は分析が好きなので、特に学校説明会には向く方が多いように感じます。また、保護者会や送り迎えなどで、塾の先生の名前と顔が一致するようにしてもらうと、家族の中で一人だけ話題の蚊帳の外にならずにすみますし、適度な距離で子どもを見ながら、要所要所でアドバイスや指摘などもできるようになります。

父親が受験の主導権を過度に握り、母親の意見を聞かない形でのワンオペになるときは、自分の成功体験やノウハウを疑うことなく子どもに当てはめるため、母親のワンオぺよりもっとひどい状況になります。職場で大人に対するように、自分の経験や、あるべき姿や理想像を伝えるのですが、相手は子どもです。成績が悪いのはちゃんとやっていないからだと子どもを断じ、また教え方が悪いから成績が上がらないのだと塾を断じます。もし、その上で母親である妻も断じてくるようならば、それはもう赤信号です。ときに、成果至上主義のビジネスの世界で活躍するお父さんが陥りがちになるのですが、正しく努力すれば成果は出るという考えを、それができない子どもに当てはめるのは無理があります。それは子どもの個性を無視した押し付けです。子どもは父親が言う正論に反論はできず、それに従いますが、自分を押し殺して頑張るため、どこかに影を抱えながら受験に向かうことになります。

どちらかのワンオペにならずに、夫婦がそれぞれの立場から子どもの中学受験を応援し、困ったときには話し合いをして納得しながら進んでいくことが、その子がその子らしく受験するために大切なことなのです。

魔界化した中学受験に陥らない 

一人で抱え込まず、役割分担をして、中学受験を乗り越える

■コラム　父母の役割分担

「先生、ダメでした」と第一志望の不合格を伝えるSくんの暗く沈んだ声。

私は励ます言葉をなんとか絞り出す。次は電話を変わったお母さんの「先生本当にごめんなさい！あんなに応援してくれたのに合格させられなくて」と泣きじゃくる声。いつも明るいお母さんが人目をはばからずに泣いている。合格掲示板そばの悲喜交々の群衆の中で、今家族3人どんな想いを抱えているのか、想像すると胸が苦しくなる。合格させられなかったのに謝っていただくなんて…、色んな想いで胸が潰れそうだった。中学受験はなんて厳しいのか。

そして、1時間後の第二志望の合格発表。これも不合格。もう苦しさで押しつぶされそうだ。それでも、まだ終わっていない。子どもが頑張っている以上、次に向かわなければいけない。

その夜、お母さんから改めて連絡がくる。「イトジュン先生ごめんなさい。第二志望のあのいい加減な問題用紙の使い方を見て、私キレちゃいました。（中略）書き間違えを探していた時の不貞腐れた態度にプツリ。『何で本番のときにこんないい加減なことしてるの？丁寧に何で書けないの？何で今更こんな話してるの？』と。『イヤイヤやるなら私はもういいわ』と半ば捨て台詞でお風呂に。その後、Sは主人に諭されて半ベソかきながらベッドに。私もお風呂で頭を冷やしながらも情けなくなってしまいました。これ程までに先生方のお時間を頂いておりながら、何でこんな風になってるんだと。お風呂を出てからは、主人に『言わんとする事はわかるが、頭ごなしに言われるとあーなっちゃうんだから何も良くない。明日は普通にして』とたしなめられました。ごめんなさい」

私からの返信「とんでもないです。算数はやはりという感じですね。ただ、2人の想いはめちゃくちゃわかります。胸に響きます。でも、ここまでの物語があるから、2人とも何も間違ってないです。ただ、今のメッセージを読んで、最後やれることをやりたいと決意を新たに強く思いました。今はまだ終わってないので、改めて言います。最後頑張りましょう。私も明日、やれることを注ぎこみたいと思います」

母「本当にありがとうございます。寝て頭を冷やして明日は朝まず笑う事から始めます。明日、もう一度ちゃんとSと向き合って、また前に進めるようにして塾に送り出します。本当に申し訳ありませんでした」

私「とんでもないです。私も前に進めるようにしますね」と返信をする。

Sくんは本当に頑張り抜いて受験日を迎えた。支えた家族ももちろんそうだった。やることは全てやって、しかも明るく前向きな日々だったと胸を張りたい。

もちろん、順風満帆だけではなかった。特に9月、10月がスランプだった。やりきった夏の後なのに、第一志望校の合格率が厳しい。特に算数が取れない。家族は、第二志望校も気に入っており、その学校を2月1日に受ければおそらく合格が取れる状況だったので、本人も含めて志望校をどうするか、とても迷っていた。「本当にこのまま夢をみていてもいいのか」と。その答えは出ないままだったが、まずは成績を何としてでも上げるべく、私が毎週個別で算数をフォローしていくことになる。それが後押しになったのか、本人が頑張った結果が出たからなのか、12月最後の模試では第一志望の判定で60%を取る。その判定と何より頑張るSくんの姿を見て、「本人が希望する第一志望校を受けさせよう」と親も私も覚悟を決める。ここまでやり切ったら不合格でも悔いがない。

それでも、2月2日の夜は、布団に入って眠れず考えていた。「あの選択はプロとして本当に間違っていなかったか」「あれだけ信じてくれた人の期待に応えられなかった」「あと何が足りなかったのか」「明日は何を話そうか」そんなことをとめどなく考えつづけていた。

2月3日の朝を迎える。今日で気持ちを整えさせ、明日4日からの入試にもう一度向かっていかないといけない。

母「イトジュン先生おはようございます。昨夜はありがとうございました。おかげさまで親子共々落ち着きました。今日は朝少し遅くまで寝かせ8時起きです。いつも通り、ご飯食べて計算やったら塾に行かせます」

「Sは足取り重そうでしたが、振り絞って校舎に入りました」

私も別の子の入試応援から校舎に戻る。Sくんを見つけ、次のような話をする。

合格する力はあったこと。でも安全圏ではなかったこと。そういう意味では今回は力が一歩足りなかったこと。でも、本当に力は伸びているし、その足りなかったことを、ここからどういかせるかが大切だ。まだまだここから伸びていかなければいけないし、Sくんなら伸びていける。そして、頑張りつづけたからここまでこられた。成長してきた日々は本当に素晴らしかった。だから第一志望を受験したことを全く後悔していないよね、と。

Sくんは目をそらすことなくまっすぐ顔を見てくれ、一つひとつに頷きながら、本当に真剣に聞いてくれた。最後は笑顔になって第二志望の勉強に切り替えて勉強を始めてくれた。

自学室にいる時間は過去を振り返ることなく、明日に向かっていた。質問のやり取りで時々談笑もしながら、集中して問題を解きつづけた。Sくんやそのとき同じように頑張っている子どもたちの姿は、とても美しく思えた。

その後、Sくんは4日の学校に合格した。

そして思う。第一志望合格だけが全てじゃない。もちろん、そうなりたいし、そのように本当にさせてあげたい。けれども、リスクがあっても難しい学校に挑戦することは決して悪いことではない。そして、その結果、不合格でも、その悔しさや涙を乗り越えて、また頑張ろうとする姿は子どもに本当に大きな成長をもたらす。第一志望には届かなかったけど、頑張った子もたくさんいて、その結果自分の納得する学校に出会う姿もたくさん見てきた。第一志望合格者だけでなく、そのように頑張り抜いた子一人ひとりとそれを支えた家庭を、本当に誇りに思う。

受験が全て終わったとき、彼が書いた受験体験記のタイトルは「努力の大切さ」だった。

「第一志望の入試問題は難しかったが、今までやってきた全てをぶつけたので後悔などはほとんどなかった。(中略) 僕がこの受験で伝えたいことは、『自分の目指す中学への行きたい気持ちを忘れるな』ということと『合格するために努力を怠るな』ということ。僕が合格できた秘訣が努力だからだ」とある。

最後に。実はSくんは第一志望の繰り上げ合格になった。その候補になったのを知った日に、補欠を知らせる画像を送ってきたお母さんに、「うわあああ」という謎の返信をしてしまった。「もうドラマチックすぎる」とも。ただし、もし繰り上がりがなかったら二度落胆させることになる。そこで、これは大人の秘密として、繰り上がりが決定するときまで本人には言わなかった。(この間、親は本人にはその様子を見せなかったが、陰では神社にお参りするなど、ずっと祈っていた。精神的にとてもタフな日々だった) そして、繰り上げ合格を本人に告げたとき、実は父親がこっそり動画を録っていて、それが残っている。

このコラムを書くので久しぶりにそれを観た。

動画のスタート。「武蔵中、合格おめでとう」と書かれた紙を見るSくん。「えっ、まじで!まじで!」

と聞くSくん。お父さんが「おめでとう。おめでとう」と返す。「繰り上げ？」と聞いて父が頷くと、Sくんは紙を叩きつけ、ガッツポーズとともに激しくグルグル動き回る。「あー！あー！あー！あー！」と喜びを全身で爆発させている。さんざん回転して踊った後、その場にうずくまり「あー、ああー、ああっ！」とうめき声にも鳴き声にも似た声を上げる。人が心から喜ぶときはこういう声になるのだろう。その歓喜の姿を見ると、今でも涙が滲んでしまう。

Sくん、合格おめでとう。

【やめたい5】偏差値だけを基準にした学校選び

「勉強とは人と比べて評価されるもの」という価値観を、全ての人に押し付けてしまうことが、競争主義の受験塾ではあります。たとえば、それは成績順の席配置などに現れます。ただ、小学生はまだ自身の価値観が確立していないことが多く、塾や周りの大人の価値観により、たまたま少し成績が悪くなったというタイミングでも、自尊心が大きく損なわれてしまうことがあるのです。また、塾側は合格実績がほしいという事情もあり、「偏差値だけにとらわれた学校選び」をしてしまいがちです。もちろん偏差値は大切で、レベルが合っている学校に行くことで、切磋琢磨できる仲間に出会えることも事実です。ただし、ほとんど変わらない場合は私立の個性豊かな校風を見比べて、我が子がイキイキとできる方を選ぶということも大切なのではないかと思っています。

私は、これからの子どもたちの人生を考えても、いろいろなことについて「自分で選択ができる人」であってほしいと思っています。条件、環境、周囲の評価が目立ちやすく、選ぶ基準になりがちですが、親と子どもが絶対に譲れないポイントを明確にしていくことが学校選びの第一歩です。そのポイントが見えてくると、ネットなどに溢れる様々な意見や情報を一つの参考意見として距離を置いて見られるようになり、振り回されなくなります。学校見学を重ねた上で、選択した学校に対して、親子で自信を持てるようにすることが大切なのです。私立中学校はいい意味でそれぞれ個性が強く、教育方針がハッキリしているので、同じくらいの偏差値でもよく吟味することが必要です。また、偏差値にとらわれない教育観を持つということは、言い換えれば、人との比較ではなく我が子のことを考えるということです。我が子の将来を偏差値だけで決めるのではなく、我が子の性格、素質、学校の校風などを吟味して決めていくといいのではないかと思います。

ですから、偏差値が少しでも上の学校に行くことを目的にするのではなく、受験や進学先を、自分が楽しめるゲームのステージを選ぶ…くらいのイメージで持っておくのが良いのではないでしょうか。私は、子どもたちに、ある種ゲームのような、健全な競争意識の中で、「勉強って楽しい」ということを実感してもらいたいのです。健全な競争意識というのは、「あの子がこんな風に頑張っているなら、僕も僕なりの工夫・努力をして頑張ろう！」というようなものです。高め合える仲間と一緒に、「勉強、学ぶことって楽しい！」という経験を通じてこそ、自分で進んで勉強する、自学ができる子に成長していくのだと思います。それこそが、結果、合格への近道であり、12歳をピークにせず、そのあとも伸びつづけていくことに繋がっていくのです。そうした「受験勉強の過程」と「受験結果」と「進学先」、その全てで幸せになるということを、私たちは「**幸せな受験**」と呼んでいます。

魔界化した中学受験に陥らない❽
多様な個性が私立の魅力、偏差値以外も吟味して選ぼう

■コラム　子どもが選ぶ

「親と子どもの志望校が違う場合はどちらを優先したら良いですか」という質問をいただくことがあります。結論から言うと、親子でしっかり話し合った上で、最終的には子どもの希望を優先してほしい、と私は答えています。

中学受験は、子どもの自立・主体性を育む機会です。同時に、進路を自分の意志で選ぶ最初の機会でもあります。選ぶこと・決めることは、主体的に生きていく上でとても大切です。自分が進学する学校選びの中で、自分のことを見つめ、そして自分が選んだ環境の中で楽しめるように主体的に工夫していくことを経験させるのです。もし、親など、子ども本人ではない人間が選んだ環境ですと、何かつまずいたときに、「こんな学校には本当は通いたくなかった」とか「親が勝手に選んだから」と他責にしてしまい、乗り越える力も弱くなってしまいます。

特に、これからの時代は、万人に当てはまる正解のない時代です。「これをしていれば大丈夫」という、決まったレールに乗るような、外の価値観に合わせて生きていくことがますます難しくなっていくでしょう。ですから、これからは、自分の心が動くことは何かという視点、自分の内側を深堀りしていくような作業がとても大切になります。そして、自分の内側から起こってくる気持ちを軸に選択していくことが幸せを感じられることにもなります。

たとえ「この学校の制服が着たいから」という理由でもいいのです。最後は子どもが選ぶことが大切です。受けたい学校を子どもが選ぶのです。

そして、私たちにできること、親にできることは、その子に合った学校を一緒に真剣に考えてあげること、そして「行った先で幸せになる」という生き方を教えてあげることです。

最後は「自分＝子どもが選ぶ」ということを推奨しているのは、子どもなりに、**自分の生きている世界は自分で選んでいる**という感覚を持ってもらうためです。

私は、これからの時代、「選ぶ」ということが、とても重要なスキルになってくると思います。それは、情報にアクセスするのがとても簡単になった今の時代だからこそ、その溢れかえる情報の中から自分がどの情報を選択するのか（読むのか、信じるのか）ということで、人生は大きく変わってくるのではないかと思うからです。そして、自分で選んだものは、他責にはなりにくいのです。自分で選ぶ人生を生きる、納得感のある人生を生きるという意味でも、これから中高6年間通う予定の学校は、最後は子どもに決めさせてあげてください。

【やめたい6】やり抜く力をつけるという名の我慢受験

私は、最近注目されている「グリット」という言葉の使われ方に、違和感を覚えることがあります。これからの時代は、「グリット＝やり抜く力」が大切なのはいうまでもありません。しかし、それは「我慢を推奨する」ことではないのです。ですから、「グリット＝やり抜く力をつけるために、頑張りましょう！」といった言葉にはどうもひっかかるのです。仕組みとして破綻している場合、それは押し付けではないか？と思うからです。たとえば、時速10㎞しか進まないエンジンの船で、「太平洋を渡りましょう！諦めたら辿り着けませんよ！」と言っている場合もあるのでは？と感じてしまうのです。「頑張りましょう！」と言う前には、仕組みを変えたり、工夫したり…といった努力の方が必要だと思うのです。

そのような問題意識から、たとえば、小学4年生の間は社会や理科で必要な暗記の知識は、カルタを使って、「楽しいから・勝ちたいから」覚えられるような仕組みにしています。

また、知っているから解けるということだけではなく、未知の問題に対しても夢中で考えることができる子が伸びていきます。これは社会に出たときの仕事も同じです。会社に言われたから仕方なくやっている人と、夢中になって自分で考えて仕事に取り組んでいる人とでは、成果は全く違うと思います。この未知の問題に対しても夢中で考えるということを推進するために、「なぞぺー」という花まるグループオリジナルの思考力問題を解く時間も設けています。

私は、「学ぶのが楽しい」ということが前提にあり、夢中で学んでいるときにこそ、「グリット＝やり抜く力」は身につくのだと思っています。決して「諦めない心」だけが大事なわけではないのです。また、好きで夢中になれること、好奇心を持てること、そういうものが出てきたときに、探究する力を持っているからこそ、「やり抜ける」のだとも思います。だからこそ、好きなもの、興味のあるものを探究する力、調べる力、考え抜ける学ぶ力も同時につけられるようにしていきたいのです。

グリットに繋がる「手段」を、中学受験勉強をしている子どもたちに教えてあげることが、塾の役割です。そのために、シグマＴＥＣＨでは、日曜探究講座というものを行っています。（＊詳しくは第３章で説明します）

魔界化した中学受験に陥らない
⑨
「好きと好奇心」を増やし、
「夢中」になる力を伸ばすことに目を向ける

【やめたい7】「よくわからないまま」魔界化した中学受験の世界に入ること

中学受験合格の王道の方程式、それは「先取り学習×大量パターン学習×徹底した競争主義」だと、中学受験業界では考えられています。残念ながら、この受験のパターン学習によって、膨れ上がった必要とされる知識をより早くから学ぶことで、先行者利益を利用して、徹底的に繰り返すことが今の中学受験方程式への解ということになってしまっています。

ある年の中学受験の合格発表日のことです。その年は私のクラスの教え子が2人、開成に合格しました。しかし、それでも1人を合格にさせられませんでした。合格発表日に学校でその掲示版を見て、喜びや悔しさなど様々な葛藤を抱えて西日暮里駅まで帰っている途中に、校門である塾からパンフレットを手渡されました。目に飛び込んできた文字は、「合格おめでとう。次は、東大」。この塾は、東大への王道のコースです。中学3年生の段階で高校内容を終了させ、更に高校時代に全単元の復習を2周するカリキュラムで、東大理III合格の半数以上を占めています。先取り学習を活用するまさに合格への王道のやり方です。

塾を利用して勉強を先取りし、じっくり学ぶことは学校で行う。このような主体的な環境作りに塾を利用するのは全く問題ありません。ただし、私立中学に入学したらすぐに、「東大に行くために」と考え、何も考えず次の塾に入るのは、違和感があります。

そのレールが1本道で多様性がなく、「早く・多く」を競わせることで、結果、多くの脱落者を生んでしまうからです。

また、今や人生100年時代となり、リカレント教育など、学びつづけることが大切になってきています。「●●に合格する」ためにという目的思考では、その目的が達成したら学びがつづかなくなるという危険性があるのです。更に、目的を達成する日まで耐えるのではなく、「今、ここで輝く」日々を過ごすことが目的達成以上に大切だと、私は考えています。そもそも、これからのAI化する社会に出て役に立つ力は、パターン学習ではなく、まだ答えのないものに解を出す力の方ではないでしょうか。または、それを解くための横断的なチームを作る力であったり、そもそも今までに無い問い自体を自ら立てる力なのではないでしょうか。

更に、「徹底した競争主義」という、もう一つの中学受験方程式の因数もあります。大手塾の大規模校では20クラス近くが毎月のクラス分けで変動し、成績優秀な子が前から順番に座る形がとられていることがあります。中学時受験塾で当たり前に行われていることの手法は、小学生の親子の今と先の学びに、負の影響を与えてはいないでしょうか。たとえば、大人の営業マンでも、成績順に職場のデスクが変わることを義務付けられていれば、相当追い込まれるはずです。それなのに、小学生がそれを受けているのです。習熟度に分けるのと、成績で座席順にするのでは、意味が違います。

これに対し、よく塾の先生は「子どもは慣れますから大丈夫ですよ」と言いますが、私の価値観としては、それこそが問題だと思っています。まだ成長途上でこの先いくらでも可能性のある小学生が、「人と比べて自分はこれくらい」というように自らレッテルを貼るのは、とてももったいないことです。下位クラスになると自己肯定感が破壊され、勉強嫌いを作ってしまうリスクも高いのです。上位でいつづけられる子はモチベーションになることはありますが、そうであっても上であることや人から認められることだけが勉強のモチベーションになってしまう可能性もあります。スポーツや音楽など自分が好きで選んだ世界での競争ではなく、取り組まなければいけない勉強の世界で順位をつけられるのは、勉強が得意な子以外にとっては、負の側面が大きいのです。

また、逆転が困難な環境もあります。たとえば、最初に下位クラスになった場合、優秀な先生は上位にいて、更に差が広がります。また、わからない問題についての質問も、トップクラスの子の方が聞きやすいような部屋の配置になっている塾もあります。つまり、トップクラスの子が質問をして家に帰ったあとに、その次のクラスの子たちが質問ができるという仕組みになっているため、クラスの上下によって、待遇に差が生まれてしまうのです。ですから、困った親は塾に加えて個別塾や家庭教師を付けることになるのです。ただし、その授業料は、小学6年生にもなると、プロ教師であれば、1時間に1万円が相場です。もちろん、それでも問題がないご家庭もあると思います。しかし、そこまではできないご家庭もあると思うのです。

そして、この競争システムの最も巧妙なところは、成績順のクラス編成・席配置については徹底的に対応する一方で、宿題をやっていなかったとしても注意されないことです。だから、必ずしも、できていない子が追い詰められて、苦しい思いをしているという訳でもないのです。悪く言えば、放っておかれているのです。これが一番怖いことです。わからない勉強・ついていけない授業に、サポートがないまま、ただ机に座りつづけているのです。

ある塾はこのように言います。「中学受験の主役は親子。塾はそのサポート役にすぎない」と。このスタンスをとって、必要以上に介入しないため、塾と保護者の不要な軋轢は起きません。一方で、トップ校への合格が見込まれている上位生徒の家庭には、保護者会などで熱心に「頑張りましょう」と伝えられ、授業開始前にテストを受けたり、ゼミに早く来たりと特別な勉強への参加を促します。すると早い子は16時半にはテストを受けるために塾に行き、20時まで休憩なしで勉強をします。小学6年生になれば、夕方からご飯抜きで21時までノンストップで効率よく勉強する塾もあるのです。

また、「主役は親子」で塾があまり介入しないにも関わらず、徹底した成績競争にさらすため、親御さんのサポートの競い合いが始まるのです。今の中学受験の世界は、子どもの競争だけでなく、親の競争の時代になりつつあります。

サポートする親の多くは、母親であることが多いです。あくまで一般的な傾向としてですが、女性は男性より、子どものことを常に考えています。子どものためを思うからこそ、不安に晒されやすいのです。そこに毎月の成績が出て、「子どもの力になってください」と塾から発破をかけられたらどうでしょう。

なかなかやる気にならない子どもに対して、怒って叱る。すると、子どもは泣きながら「それでも〇〇中に行きたい」と言ってくる。その姿を見て、「私が上手くサポートできていないのかしら」と自問自答をして苦しみながら、それでもこの子が望むのならとなんとかサポートしようとする。こうして、母親は知らず知らずのうちに力を入れ込み、気がついたら熱に浮かされたようにのめり込んで、親子が主役どころか、親がメインの主役となる「中学受験は親が9割」という状況へと巻き込まれていくのです。

『二月の勝者』という中学受験を扱った漫画の冒頭にある、「君達が合格できたのは、父親の経済力と母親の狂気」という言葉の通り、狂気を発動させざるを得ない環境があるのです。（中には、自分には狂気が足りないと悩まれる方もいますが）

もちろん強調してお伝えしておきたいのは、大手塾で上手くいっているご家庭もたくさんあります。それは親御さんのサポートだったり、大手塾にも想いを持った先生はたくさんいたり、努力・頑張りについての当たり前の基準が切磋琢磨で引きあがっていったりするからです。また、子ども自身が何より頑張り抜いたからでもあります。

しかし、一般的にその仕組み自体は、魔界化していると思っています。そして、毎年の合格体験記の裏に、それ以上に苦しんだ家庭がどれほどいるのか…とも思うのです。この苦しんでいるご家庭を救えるような、多様性のある中学受験のやり方を作り、提供できれば、それは未来を作る子どもたち、ひいては未来への大きな貢献であるとすら思います。

「この受験の仕組みをなんとか変えられないか？」という想いで、子どもが主役の受験、親が安心できる受験を目指し、グループの想いある先生たちと一緒に、私は教壇に立ちつづけてきました。シグマTECHで、それをより実現できるようにしなければいけない。それが自分のライフワークだと思っています。

一人でも多くの方が、中学受験の世界の仕組みを知った上で、その対策をしながら、受験に取り組み、幸せな受験にしてくれることを願っています。「気づいたら魔界化した受験塾の世界に陥っていた」という状況が、少しでも解消されることを願ってやみません。

魔界化した中学受験に陥らない 

中学受験「塾」業界の仕組みを知って、活用する

第2章

中学受験を最高の機会にするために知っておきたいこと

第1章では中学受験塾業界のお話をしてきたので、第2章では、中学受験そのものの仕組みや、高校受験との比較によって、中学受験という選択をするかどうかを決める視点をお伝えしていきたいと思います。その上で、中学受験をすると決めた親子・家族の方に、その選択を最高の機会にするために知っておいていただきたいことをまとめました。

受験は入学したい学校が試験を作り、その出題範囲に合わせて勉強をする必要があります。ですから、どうしても、受験する側は、「そのためにこれをやらなければならない」といった、受け身の勉強になりがちです。

しかし、その歩み方によっては、主体性を発揮することができるのです。指示されてやらされるだけの勉強ではなく、子どもが前向きに取り組めるように環境を整え、楽しさを味わい、最後は自立できる受験に変えていくのです。その陰の立役者は、周りにいる親や塾の先生を含めた大人でしょう。

なお、大学入試改革などの影響も受け、中学受験の問題そのものも、単に知識を覚えているかを問うものではなくなってきています。知識を活用する力や知識を元に考える力、知識を相手に伝える力を重視する、工夫された入試問題が多くなってきているのです。

成長の機会としての中学受験

中学受験をする10～12歳は、本人が主体的になれば、学ぶ力が真っ直ぐに伸びる時期です。自分の勉強法を作ることができる時期とも言えます。低学年時代に比べて、大人の思考に近づいてきて、本格的な勉強を始めるのに適しているのです。

具体的にどのような力がついていくかというと、論理性や要約力、精読力、意志力などです。複雑な問題に対しても、筋道立てて考えられるようになっていきます。また、間違った問題に対しても、「復習すること」や「どうして間違えたのか」など、振り返りができ、間違いに向き合うこともできるようになっていきます。

このような時期だからこそ、中学受験勉強を通して、脳（思考する力）を鍛錬することによって、多数の知識を入れるだけでなく、活用することもできる、高度な学ぶ力がメキメキ伸びていくのです。この本格的な勉強の始まりの時期に、適切な学習法を身につけたり、正しい学習観を身につけるために、中学受験を活用するのは、ある意味、適していると思いますのではないかと思います。

また、小学生のこの時期は、本人の自立のサポートに、親が関われる余地があります。

高学年にもなると親の言うことを素直に聞けない多感な時期になりますが、受験という目標があるため、親子が並走して一つのゴールに向かうことができるのです。関わり方によっては、子どもの自立を阻むリスクもありますが、親子で様々な経験をシェアでき、一緒に成長できる貴重な機会にもしていけるでしょう。

一方で、高校受験はどのような時期かというと、もはや親子での受験ではなく、子ども本人の受験になります。ですから、自分で自分を律して自立を学ぶ機会という意味では、適した時期です。親に言われてやるのではなく、自分が目標だと思うから、そこに向かって努力し、失敗も成功も、人から与えられるものではなく、自分のものとして経験できるのです。そこが大きな魅力です。ただし、中学生は興味が勉強以外に広がりすぎるのが自然な年代です。そのこと自体はとても良いことだと思いますが、好きなものがたくさんでき、その結果、相対的に勉強の価値が低くなる傾向にあります。また、スマートフォンでの友達とのやりとりやゲームなど、親の目が届きづらいコミュニティに自分で繋がれるようにもなります。思春期に入り、体は大きくなっても、自分の気持ちの扱い方、自分で自分を律することにはまだ慣れず、モヤモヤしている気持ちを抱え、試行錯誤しながら受験を進めることになることも多いのです。本音では親にまだまだ甘えたい年なのですが、勉強の口出しをしようものなら激しく反発するなど、親が勉強で関われる余地は、ほとんど無くなってくる時期なのです。

中学受験は「選択すること」が大切

義務教育で公立の中学校に行けるため、本来、中学受験は必須なものではありません。しかし、都内の一部には「中学受験をするのは当たり前」というような雰囲気のエリアもあります。ただそんな環境下だとしても、我が子のことをよく考えて「選択をする」ということが、私は一番重要なことなのだと思います。

中学受験は不安産業と言われることがあります。「中学受験は賢い家庭では当たり前の選択となっていて、子どもの将来を考えるなら、しないともったいないですよ」という宣伝文句に引っ張られたり、「周りの人がほとんどやるみたいだから…」という感じで決めてしまったりすると、それこそ1章でお伝えしたような魔界化した中学受験の世界に親子でおぼれてしまいます。そのような不安から始めると、クラスの上下や合格判定など、常に人と比べられ結果を求められるプロセスの中で、入塾前より強い不安にさらされる可能性すらあります。ですから、「周りが受験するから」という決め方はとても危険です。

不安や取り残される気持ちを一旦脇において、我が家にとっては何が良いのかを考えた方がいいと思います。

また、中学受験を決めた理由として、「子どもが受験をしたいと言うので」という言葉も時々、耳にします。これは判断材料としてはプラスに考えていいですが、それだけを決断の根拠にすることは危険です。当然ですが、子どもには今の中学受験の状況はわかりません。たとえば、もし、子どもから「ゲーム機が欲しい」「スマホが欲しい」と初めて伝えられたら、どうされますか。きっと子どもの意見を受けた上で、親が判断することになるはずです。中学受験は大きく生活スタイルが変わるため、子どもの意見だけでなく、親がしっかり決める必要があります。ゲームとは違い、「塾に通って勉強をしたい」ということは良いことだと捉えて、中学受験を決めてしまうのは早計です。

要するに、中学受験をすることは親の選択と覚悟が必要です。中学受験自体に良し悪しがあるというわけではなく、使い方によって良くも、悪くもなるのです。「こういう子が向いている」といった外から示される条件に当てはめて選択するのではなく、家族でしっかり考えて、自分たちの中からやる根拠を持った上で、中学受験を選択するべきなのです。もちろん、しないという選択も同じです。中学受験が盛んなエリアでは、「何となくしない」

ということより、「知った上でしない」と決断することも必要かもしれません。周りの子の影響を受けて、小学5年生くらいで突然、受験したいと本人が言い出す可能性もあるからです。その場合、急に慌てることになったり、途中から始めたために大変な思いをしたり…というリスクも出てきます。

ですから、受験をする前に、受験のプロセスや、その先の進路でどのような経験を子どもにしてほしいかをしっかり考えて、中学受験を決断することが大切なのです。この「決断」までには、子どもがどうか…ということもありますが、親自身が自分の心の内側について問うこと、どういう環境で子どもに育ってほしいと思っているのかを見つめることも大事だと思っています。親が自分が望むことなどもしっかりと考えた上で、「中学受験を選択」すれば、他人の噂話や情報に振り回されたり、不用意に迷ったりすることは少なくなるはずです。

また、その決断の理由が中学受験の日々を乗り越える力になることもあります。たとえば、「受験を通じて学ぶ楽しさを知ってほしい」という理由で始めた場合は、中学受験の知識をただの暗記としない工夫をし、様々な実験で確かめたり、実際の史跡に訪れたりして、楽しく学ぶという姿勢に繋げていくこともできるでしょう。宿題ができないときには、怒鳴ってやらせるというよりも、言われなくても取り組める環境作りを塾の先生と一緒に考えるというような、子どもへのアプローチ方法に繋がることもあるでしょう。

周りが選ぶから進むという選択のあり方は、たとえ有名中学校に入った後でも、「○○中のほとんどは、●●大学以上に行くし…」とか「○○大学△△学科の人は国家公務員が多いから…」というように、進路や選択肢が勝手にイメージされてしまったりすることで、逆に「可能性」が狭められてしまうこともあります。やはり、「誰かから認められること」を目的とした教育になってしまうと、「その子らしく生きる」ということは難しくなってしまいます。外部の情報に親子で振り回されないように、まず親が軸を持って我が子の中学受験に進むか否かを選ぶこと。そして、子どもは中学受験勉強をしていく中で、自分の軸を見つけていけばいいのだと思います。

中学受験するか、しないか〜を最初に決めるのは親

1　判断リスト（中受、高受のメリット・デメリット）

中学受験か高校受験かを選択する際に使用できる判断リストを作成しました。各家庭で大切にしたい部分や避けたい部分があれば、□にチェックを打ってみてください。「何を大切にするか」という軸を確認するためのリストです。なお、これはメリットがいくつでデメリットがいくつだから、こちらの受験の方が向いていそうだというものではありません。1つのチェックしていることが他の何よりも大切にしたいというご家庭もあるでしょう。つまり、「中学受験と高校受験のどっちが得なのか」という視点ではなく、家庭の軸を見直し、小学校や中学校時代にどのような生活を過ごしたいのか、子どもにどう生きてほしいのかを考え、どちらの受験をするのかを決断するためにご活用ください。

判断リスト【中受】

【○中学受験メリット】

- □ 一貫校は大学進学に有利な6年間一貫教育の仕組みがある
- □ 内申点の影響がなく、試験一発勝負のみ
- □ 各学校に校風があり、特に都内は多くの学校から選べる(中高一貫校は東京都130校)
- □ 公立高校にはほとんどない、男子校・女子校の別学が多く存在する
  ※高等学校(通信教育を含む)は全部で4874校。そのうち男のみの学校は
  101校(約2.1%)、女のみの学校は289校(約5.9%)令和二年度文部科学省学校基本調査より
- □ 入試問題が共通でなく各校独自の問題のため多様性があり、工夫をこらした良問が多い
- □ 素直さを残した成長期に文科省のカリキュラムを超えた勉強で成長できる
- □ 中学受験塾の工夫された授業は、多くの子にとって学校の勉強より楽しいと感じる
- □ 自分に合う仲間と中高時代を一緒に過ごせる
- □ 高校受験に分断されることなく、部活などやりたいことに6年間没頭できる
- □ 高校受験がない分、6年間しっかり学習を積み上げていける
  (勉強の面白さを感じられるように、体験型学習などを多く用意している)
- □ 公立中学に通わせたくない家庭の選択肢となる
  (たとえばいじめの問題でそのまま公立に上がることを避けたいなど)
- □ 学習指導要領のペースでの勉強が簡単と感じてしまう子には、
  適したレベルで学べる場になる

判断リスト【中受】

【×中学受験デメリット】

- □ 小学生時代に勉強に充てる時間が必然的に多くなり、他のことをする時間が減る
  ※特に小学５年生以降に他の習い事と併用するのが難しい
- □ 大手塾ではクラスの昇格の競争原理があり、
  勉強に対する自己イメージが悪くなることがある
- □ クラスの上下や志望校の合格判定などで、成績に対しての不安に晒される
- □ 人気校は公立高校受験の倍率より高く、第1志望は不合格者の方が多い
- □ 脳や体の成長途上での競争であるため、子どもの成長度合いの影響がある
  （頑張れば必ず合格するという世界ではない）
- □ 中学受験のハイスピードカリキュラムに伴い、学習量が膨大になっている
- □ 膨大な量の宿題をこなすために、親の細かいサポートが要求される
- □ 中学生よりも小学生の方がやりこめやすい。結果、教育虐待につながる可能性がある
- □「子どものために私が何とかしなければ」とのめりこみすぎると、
  逆に子どもが主体的に学ぶ機会を奪う可能性がある
- □ 中学受験の塾代がかかる（3年間で250万ほど）
  ※個別指導や家庭教師を併用すると、費用はもっと高くなる
- □ 中高の年間の学費が公立の約3倍
- □ 私立中学は同質性の高い仲間で過ごすことになるので、居心地の良さがある分、
  公立のような幅広い家庭環境の子がいない

判断リスト【高受】

【○高校受験メリット】

- □ 小学生時代に勉強に追い込まれず時間のゆとりがあり、自由に過ごせる
（のんびりぼーっと過ごせたり、多様な経験をする余地がある）
- □ 中学受験のデメリットを避けられる
- □ 地道に努力できる優等生タイプ（大人受けがいい子）は内申点が取りやすい
- □ 15 歳で受験を経験するため、「100% 自分で決められる受験」にしやすい
- □ やりたくなければあまり勉強をしないで、受験をするという選択もできる
（自分で選ぶという点ではメリット）
- □ 親の力ではなく自分の力で乗り越える結果、自立に繋がりやすい
- □ やったらやっただけ結果に繋がる、繋がりやすい
（多くの学校で教科書と大きく離れない中で入試問題が出題されるため、
中学受験と比較すると努力が報われやすい）
- □ 公立の中学校では、家庭環境が違う子や幅広い学力の子がいる中で思春期を過ごせる
- □ 学校で習う内容と受験の内容が同じため、
「受験勉強」に投資する時間が、一般的には中学受験より短い
- □ 中学受験ほど競争を煽られない
（公立高校はほとんどが倍率も1.5倍以下。中学受験に比べて合否が読みやすい）
- □ 「併願優遇、確約」の制度により、確実な合格(私立)をもらったうえで公立高校を
狙うことができる
- □ 内申点を取りやすい子は、推薦で上位校を狙える
- □ 公立最上位校も大学入試で結果を出している
- □ そもそも地方は選択できる私立中学が少ないので、公立受験が当たり前で、
公立名門校にこそ、その地域の伝統や文化がある場合が多い

判断リスト【高受】

【×高校受験デメリット】

- ☐ 高校入試の得点だけでなく、内申点もとれなければいけない
  (テストだけでなく学校の生活面もしっかり取り組まないと内申点が取れない)
- ☐ 公立の中学校は生活面・受験面についても面倒見がいいとは言えないことがある
- ☐ 公立は一般的に「脱線」のリスクやいじめが深刻化しやすい
- ☐ 公立高校で、大学受験体制が私学並みに整っている学校はトップ校など一部である
- ☐ 私立高校でも、「併願優遇」の仕組みにより内申点が必要
- ☐ 親から自立しはじめ「周りの大人たち」にかなり影響される時期であるが、
  行く中学校はほとんど選べない
- ☐ 中学生の時期は勉強以外のことへの興味が広がることも多く、
  自律の必要な受験が難しいこともある
- ☐ 自我の芽生えや大人の反発心などから、勉強の価値が下がり、
  勉強をしたくなくなることもある
- ☐ 親が「勉強しなさい」と伝えても、言うことを聞かない
- ☐ いろいろなことに興味が出てきて、親の目の届かないコミュニティの繋がりも増え、
  スマートフォンやゲームの時間が受験勉強の邪魔をする可能性がある
- ☐ 高校受験勉強により、分断されてしまうものがある(部活・習い事など)
- ☐ 「落ちこぼれ」「吹きこぼれ」の子は一律カリキュラムの公立の勉強が適さない

中学受験は向いていない子が9割

中学受験を検討している家庭からよく聞かれるのは、「うちの子は中学受験に向いていますか?」という質問です。

そもそも、私は小学3年生の2月時点で中学受験には向いていない子が9割いると考えています。また、向いている子は高校受験にも向いていると言えることが多いです。そのため、中学受験をするかどうかという判断は、それ以外の情報も視野に入れて判断していく必要があると思います。

まず、中学受験は学習指導要領を逸脱しています。学習指導要領については賛否両論ありますが、文科省が作ったその学年の子ども達が学ぶべき内容を大きく超えているということは、やはり多くの子どもにとって適した学びのレベル・内容・学習量であるとは言い難いのです。また、多くの子が受験勉強を始める小学3年生の冬と、受験に臨む小学6年生の冬では、全く別の特性を持った人間になっています。この年代は、それほど成長著しい時期なのです。たとえるならば、芋虫から蛹を経て蝶に変わるくらいの変化があります。

たとえば、向いている子の特徴として、「やりなさいと言われなくても主体的に勉強ができる」「先生の話を一回で聴ける」「分からないことを質問ができる」「自分で塾の準備や整理整頓ができる」といった「大人度」が高いことが挙げられます。しかし、これは精神的にも成長しないと難しいことです。つまり、受験を判断する小学3年生の段階でそれができている子はごく稀で、では3年後までにどれだけ精神的に成長して、できるようになるかを判断するのは、難しいことなのです。いつ蛹になって蝶になるか、個体差があるように、このことは、努力とは全く関係がないことです。

ただ、早熟型でもなく、受験勉強を小学3年生からすることにあまり向いていない場合でも、中学受験をするというご家庭もあります。それは、高校受験に必要な中学校での内申点があまりとれないタイプの子です。テストの点数の話ではなく、たとえば忘れ物が多かったり、提出物の期限を守ることが苦手だったり、授業態度が良いとはいえない子です。また、より手厚く見てもらえる私立中学校と、公立中学校とを比較したときに、中学受験には向いていないと思いながらも、私立の中学校に行くほうがその子のためになるという親の思いで、中学受験を選択することもあります。

だからこそ、中学受験は向いていない子が9割なのですが、向く・向かないだけでは、中学受験をする・しないの判断はできないのです。この先の2～5の項目は、判断リストを深める参考にしてください。

2 （中受）勉強量の多さと親の関わりの必要性

中学受験の学習内容は、高校・大学受験と異なり、学校で習う内容と受験問題がかけ離れています。学習内容が教科書にそれほど縛られないため、高校受験の内容よりも深いものもあり、中学受験の内容が大学受験時にも役だったと思う子もいるくらいです。

親が勉強を教える・サポートするのは、教え方以前に内容としても難しいことなのです。

しかし、塾の方針として「親が勉強を見てください」というスタイルの場合は、親が勉強を横で見ることになるのです。そして、成績を伸ばすためには上手く教える必要があります。たとえば、わからないときは、まず授業を振り返らせ、子どもに考えさせた上で、それでもわからない問題だけを教えるという名物教師のやり方を求められるのです。さらに、塾の送迎、塾弁を作ること、プリントの整理をしたり、模試・過去問の振り返りと分析をするなど、相当時間の関わりが必要であることを認識しておきましょう。

3 （中受と高受比較）大学進学実績

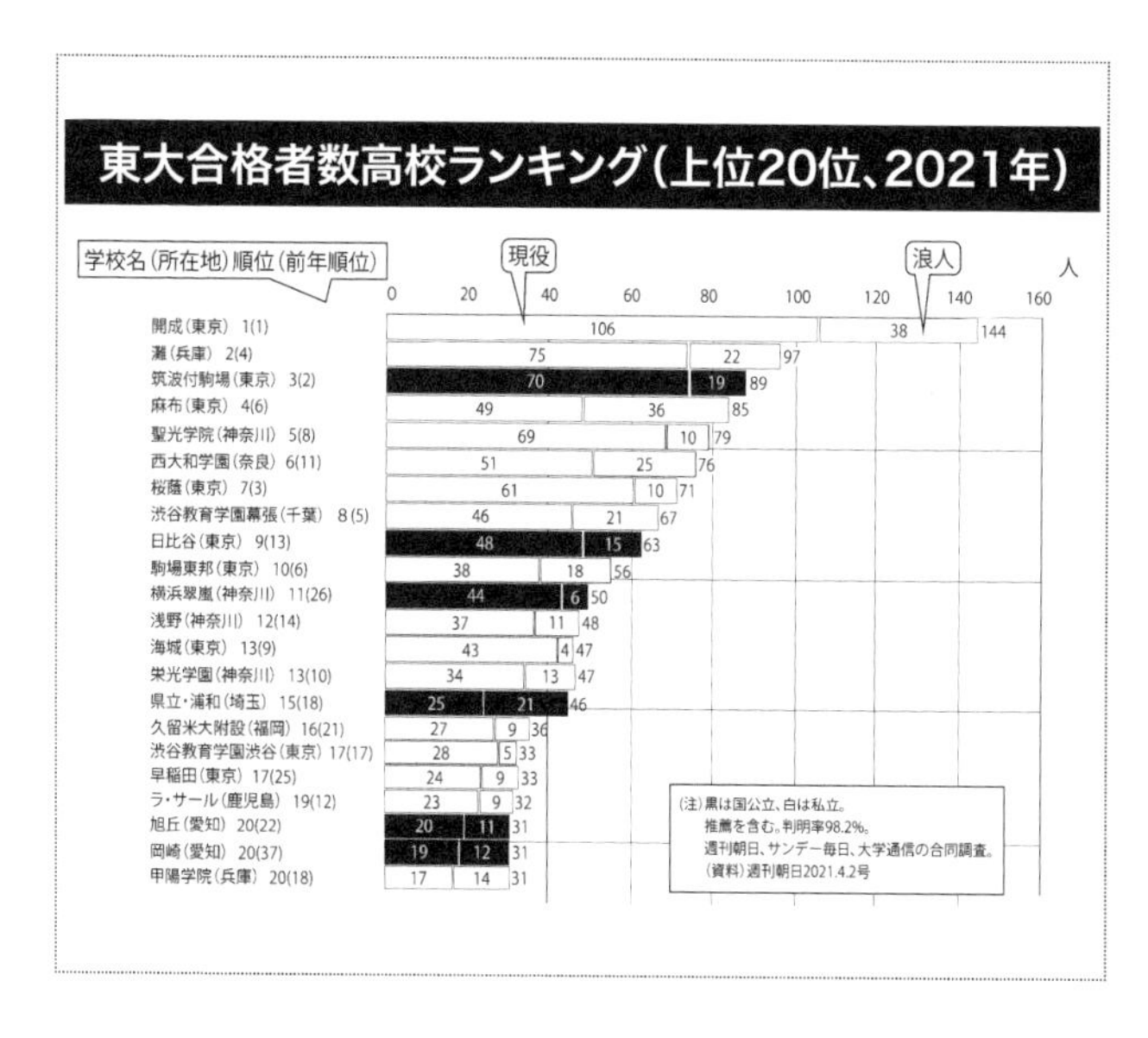

1章で魔界化した中学受験についてお伝えしてきましたが、このような厳しい仕組みであるにも関わらず、どうして中学受験者数は2014年以降、ずっと右肩上がりなのでしょうか。その要因の一つとしてあげられるのは、大学の進学実績が公立高校よりもいいということです。

白が私立で、黒が国立を含めた公立高校の東大合格者実数です。筑波大付属駒場や筑波大附属高校というのは、公立ではありますが、中学受験の難易度はトップレベルの難関校です。高校受験で入る公立で東大合格者数が上位20位に入っているのは、都立日比谷高校や県立横浜翠嵐高校など5校です。（なお2021年は公立高校が例年に比べて多い年でした）ここまで私立中高一貫校の東大合格者数が多い理由には、カリキュラム、仕組みに鍵があります。

カリキュラムの違い

公立カリキュラム	中1	中2	中3	高1	高2	高3
私立中高一貫校カリキュラム	中1、中2、中3		高1、高2、高3			受験対策

中高一貫校のカリキュラムは、中学生のときから高校の内容を踏まえた教科書を使っています。高校受験勉強が入ってきてカリキュラムが分断されないので、中学1年生のときの教科書から、高校生の内容を踏まえた内容になっています。たとえば、「体系数学」というような私立中学校が使う教科書には、高校生の数学に関連する内容も掲載されています。また、中学3年生から高校のカリキュラムを入れることもできるのです。どういう仕組みかというと、中学1、2年生の間に中学3年生までのカリキュラムまでを終わらせ、中学3年生〜高校2年生までに高校3年生までのカリキュラムを一通り終わらせるという仕組みです。そして、高校3年生の1年間では、徹底的に受験対策を行うということなのです。

一見、進度が早いことで不安に思われる方もいらっしゃると思いますが、中学校と高校のカリキュラムでは全く学習量が違います。中学受験をして小学校内容を超えた知識を持っている子どもに、高校のカリキュラムに比べて、易しい中学3年間のカリキュラムを2年間で行い、高度な高校生のカリキュラム・受験内容を4年間で行うことは、実は、理にかなっているのです。公立の高校に通っていた方ならおわかりいただけるかもしれませんが、高校に入って急に勉強が難しくなったという感覚が出てくるのはカリキュラムの問題もあるのです。また、中高一貫校では高校受験に縛られないため、中学時代に体験型学習や実験を多く設け、各科目をまず好きになってもらうことに力を入れている学校も多いのです。

4（高受）受験の仕組み、内申点

実は、一概に受験と言っても、中学受験と高校受験の仕組みは大きく異なります。中学受験の仕組みは、試験一発勝負が基本です。面接がある学校もありますが（2021年度入試はコロナの影響で多くの学校が面接を中止しました）、比重はそこまで大きくありません。一方、高校受験は全国どこでも内申点が関わる受験です。地域ごとに差はあり

高校受験の配点の仕組み

◆全体の点数
1000点満点（①+②）
①当日の試験 5科目（100点×5）＝500点を、1.4倍して、
700点満点に換算
②内申点 300点満点

◆内申点の出し方（換算内申）
5教科 1～5×5（教科）＝最大25
実技4教科 1～5×4（教科）×2＝最大40
合計65点を、300点満点に換算

内申点の1は1000 点満点の約5点（300 × 1／65）にあたります。
更に実技4教科の場合は、2倍されますので、1下がると1000点満点で考えたときに約10点分下がるのと同じということになります。

ますが、どこのエリアでも必ず内申点が含まれます。

（例）都立高校一般入試

試験当日の配点の方が高いとはいえ、内申点も取れるかということが、公立高校合格の鍵を握ります。

そして、この内申点というのが、曲者です。まず、5教科以外の保健体育、音楽、技術・家庭、美術の4教科もバランスよく取る必要があります。高い内申点を取るには、運動もでき、音楽や美術も積極的に参加して、かつ勉強の成績も良い必要があります。

また、内申点は2002年から絶対評価です。かつての相対評価では、クラスの子どもを比較して、学力のレベル評価でクラ

都立一般入試 偏差値&内申 合格のめやす（市進学院データより）

区分	学校名	男子		女子	
		偏差値	換算内申	偏差値	換算内申
旧1学区	日比谷高校	71	61	70	62
	小山台高校	64	57	64	60
	三田高校	63	53	63	58
	雪谷高校	55	46	55	50
	田園調布高校	53	44	53	48

スごとに5段階評価の各人数が決まっていました。今は個人の成績や態度を総合評価する絶対評価です。絶対評価では、生活面がより重視されるようになり、提出物、毎日の授業での子どもの関心度、意欲、態度を点数化することが義務づけられています。つまり極端に言ってしまえば、いわゆる先生受けの良いちゃんとしている子が、内申点を高く取るのです。逆にテストの点数が取れていても、生活面から内申点が低い子もいます。なお、内申点は「男子より女子の方が高くなる」と言われるのは、中学時代の生活面をより真面目に取り組むのは一般的には女子の方が多いからです。事実、上記の表のように合格目安となる換算内申は、一般に女子の方が高くなっています。

もし、小学校の通知表がテストの点数の割に低く感じられる場合は黄色信号かもしれません。試験の得点も大切なため、学校生活に前のめりで活躍して、勉強もできるリーダータイプのいわゆる優等生が、高校受験には向いていると言えます。もちろん、そのような子はしっかりしていて主体的に頑張れるので中学受験にも向いていることも多いです。ですから、向いているだけではやはりなかなか判断ができません。いずれにせよ、受験を選択する上で、このような仕組みは知っていて損はないでしょう。

5　中学受験の動向とコロナ禍の影響

一般的に不況はお金がかかる中学受験率を下げると言われています。事実リーマンショックに端を発した経済不況のときは、中学受験率は低下しました。しかし、その後持ち直し、特に2015年からの2020年までの6年間は中学受験者総数・中学受験率ともに上昇しています。これは受験方法の多様化や中学受験ブームの世代が親になった影響があると言われています。なお、首都圏における2021年度は前年の受験者総数約51、500人に対し、52、000人で前年からほぼ横ばいの状況でした。

※四谷大塚調べ

首都圏　中学受験率の推移

西暦	和暦	受験者総数	小6児童数	受験率	出願者総数	併願枚数	募集定員	募集定員-受験者
2015	平成27年	46,500	300,391	15.5%	268,000	5.76	44,276	▲2,224
2016	平成28年	47,000	297,634	15.8%	270,000	5.74	44,161	▲2,839
2017	平成29年	47,500	291,961	16.3%	269,000	5.66	43,892	▲3,608
2018	平成30年	48,500	284,428	17.1%	273,000	5.63	43,627	▲4,873
2019	平成31年	50,500	294,199	17.2%	289,000	5.72	43,502	▲6,998
2020	令和2年	51,500	297,280	17.3%	307,000	5.96	43,317	▲8,183
2021	令和3年	52,000	296,777	17.5%	305,000	5.87	44,512	▲7,488
2022	令和4年		*294,877*					
2023	令和5年		*294,190*					
2024	令和6年		*288,491*					
2025	令和7年		*288,185*					
2026	令和8年		*287,501*					

※四谷大塚調べ

新型コロナウィルスの影響がありましたが、ピーク時の2020年度の総数とほとんど変わらなかったわけです。

なお、近年右肩あがりにきているとしても、その総数はリーマンショック以前の受験人数と同じくらいです。

ただし、今回のコロナの経済の影響はリーマンショックより大きいと言われています。リーマンショックが起きた2008年は、過去最高の受験者数となっており、その翌年から減少に転じました。そのため、普通に考えれば、これからの中学受験は縮小する可能性が高いです。2021年現在すでに小学5、6年生の家庭はそのまま受験を行う可能性は高いですが、特に学年が下になればなるほど生徒数が減少する可能性があります。また、コロナの感染を避けるため、遠くまで電車通学して中学校に通わせたくないという考えも影響してきそうです。

一方で、緊急事態宣言での私立の取り組みは公立より迅速に対応したケースが多く、自分の通っている公立小学校の動きと比較して、私立中高一貫校の魅力を感じた方も多いでしょう。

これらを総合的に考えると、中学受験はピークアウトし下がっていくとは思いますが、中高一貫校に通わせたいニーズは変わらずあり、大きくは下がらないのではないでしょうか。

中学受験をすると決めたら親がすること～塾選びと学校選び

1．塾選びのタイミングに関して

まず塾選びのタイミングついてです。

小学3年生の2月から新4年生の授業が始まり、多くの家庭にとって中学受験のスタートとなります。

そこまでのおおまかなスケジュールは、

9月～12月：中学受験塾の情報収集↓入塾説明会
10月～12月：入塾テスト対策↓入塾テスト・体験授業
10月～1月：入塾手続き
2月：新4年生授業スタート

です。

小学1年生～3年生までの低学年コースに通うご家庭もありますが、通っている方も他塾も合わせて小学4年生からの塾を再度検討するのは、小学3年生の2学期からとなります。定員になり募集停止になっている校舎もありますが、多くは新学年時に募集再開しますので、低学年の時期にいたずらに焦って入塾する必要はない場合がほとんどです。

中学受験を強く意識される家庭は、小学3年生の間に子どもに合うかを確かめるためにお試しで塾に通わせる方もいます。まだ週1回の通塾のため、習い事に一つぐらいの気持ちで通わせやすい側面もあります。同じように小学3年生の夏期講習も、塾の体験授業としての活用もできます。2学期からの塾選びでしっかり間に合いますが、早めに検討したい方はそのような活用の仕方も良いでしょう。ただし、この際は、子どもは友人関係などで通った塾にそのまま進みたいという希望が多くなることと、塾からは小学4年生の進学を勧める営業があることから、他塾を選ぶのは一苦労します。そして、あまり考えずに小学4年生にそのまま進級してしまうと、小学3年生と小学4年生以降の勉強は全く異なるため、気がついたら中学受験の魔界の世界に陥っていたということがあるので、気をつけましょう。中学受験の勉強はいたずらに早くさせる必要はなく、塾の早期入塾を促すキャンペーンとは適度な距離をとることが良いと思います。

■情報収集としてお薦めの書籍

□『二月の勝者』著者：高瀬志帆（小学館）中学受験のルポルタージュのような内容です。中学受験の今のリアルを掴むのにうってつけの漫画です。

□『中学受験「必笑法」』著者：おおたとしまさ（中央公論新社）中学受験だけでない教育の幅広い知見がある著者だからこその、中学受験の活用の仕方が丁寧に書かれています。

2. 学校選びのタイミングに関して

塾選びと同時に学校選びも大切です。塾に入塾してから受験校を最終的に決める流れは、次のようなスケジュールになります。

【受験校を決める流れ】

小学4年生～5年生：模試の判定を出す学校を決める中で、志望校群の大枠を決めていく

小学5年生中：第一志望を仮でもいいので決める

小学6年生8月：後期に開講する志望校別の特別講座を選択／受験校の過去問を解くため

に、第一志望の確定と第二志望群を決定

小学6年生12月：9月〜12月の模試の結果、及び過去問の結果によって受験校を最終確定

※1月の入試結果を踏まえて、最終調整することもある。

上記を踏まえた上で、学校見学は小学6年生が始まるまでに一通り終えておくのが理想のスケジュールです。その理由の一つは志望校を体験してイメージできることが子どもが頑張る動機になるためです。また小学6年生は週末は特別講座があるなどの忙しさから、学校見学に半日ほど時間をかけづらいためです。小学6年生の特に後期は見学でなく、見学を終えた学校に入学するための勉強に時間を使いたいです。

このような小学6年生のゴールを見据えて、逆算して考えると次のようになります。

【学校見学のスケジュール】

・小学3年生〜5年生：学校見学に出かける、子どもと学校行事（体育祭・文化祭・体験授業）に出かける

・小学5年生終わりまでに：第一志望や第二志望群の学校見学と行事への参加を一通り終わらせておく

・小学6年生：学校見学の目的は3つ。①併願校や志望順位が迷う学校の見学に行く②入試内容を詳しく伝えてくれる学校の入試説明会に参加する（親のみも可）③子どものモチベーションをあげるために見学に行く

3．理想の学校見学

学校見学の回数、目安は20回

小学5年生終わりまでに、見学に何回くらい足を運んだ方が良いでしょうかという質問には、中学受験が初めての家庭には、理想の目安は20回ほどとお伝えしています。この回数をお伝えすると、「多いですね」と驚かれる方がたくさんいます。

これは、中学受験の成功は、学校選びをしっかり家庭で考えることにかかっているため、学校見学は丁寧に行ってほしいという私の考えからきています。また、学校選びに成功されている家庭の見学の回数を聞くと、その数に近いという経験則からでもあります。

更に数字の根拠には、次のような要素もあります。

・近年の受験の平均出願校は約7校です。出願する学校は1度は見学したいため、見学の数が多くなります。
・見学にも行った上で、出願しない学校も多数あります。
・第一志望など、志望順位が高い学校は、親が1回説明会に参加するだけでなく、子どもが参加できる学校行事や体験授業など、複数回訪れて、様々な視点で学校を見る必要があります。

「もっと早くから、もっと多くの学校を見学しておけば良かった…」

この20回という数は、小学3年生～5年生の3年間で割っても年6～7回の見学に行く計算となります。これは一定の負担があり、また理想は小学5年生中に一通り終わらせるということを考えると、ハードルは高いです。一方で、受験を振り返り、「学校見学をもっと早くからしっかりしておけば良かった」という保護者の声をとてもよく聞くのも事実です。

学校選びの流れ

「この学校がよいのではないか」

噂の学校に行く
知り合い、塾、マスメディア
などからの情報

距離1時間圏内
まず1校行ってみる

学校見学

・合同説明会　・学校別説明会　・各学校の参加型のイベント

見学の視点
①距離②偏差値③学校の特色
④我が子が通うイメージが浮かぶ
親が絞り、最後は子どもが行きたい
学校を選ぶ

受験校の選択

第一志望の他は
全て第二志望と考える
挑戦校・実力相応校・安全校を
設ける
第一志望と似た校風を選ぶ

偏差値　小学6年9月以降の合格判定
・合格率20%以上→受験
・合格率20%以下で過去問の
合格最低点も取れない→再考

受験

・平均7校出願

ご縁のある学校へ進学

学校選びのジレンマ

なぜ、このような感想になるのかというと、一つは学校選びのジレンマがあるためです。早い時期からの見学が必要と言われても、「まだ子どもの学力がわからないから、どの学校に行けば良いかわからない」と考える保護者は多いと思います。しかし、この学力が合否判定などでわかり始めるのは小学5年生からですし、（塾のクラスは昇降があるので学力の参考にしづらいところもあります）、本当にわかるようになるのは小学6年生です。わかったころに見学を始めると、学校見学がしやすい週末には特別講座があったり、宿題の量も多くなっているため、なかなか見学に行きづらいのです。

さらに、学校情報を塾の先生が教えてくれるわけではありません。塾の進路指導は、トップ校への受験を除き、偏差値を見て、併願受験のパターンを示す形がほとんどです。子どもの性格や校風を考えて受験校を組むことは少ないのです。そのため、親子が偏差値などの情報とともに、見学を通してそれらを考えて、受ける学校を決める必要があるのです。

直感を大切にする。2回行っても変わらない場合は家庭にとって良い学校

学校説明会などに数多く参加するようになると、情報や感じたことが混ざってきてしまうことがあります。ぜひ行くたびにメモを残すことをお勧めします。その中で、一度行って良いイメージがあり、再び子どもなどと行っても良いイメージが変わらない学校があれば、それはご家庭にとって良い学校です。

低学年の学校見学に関して

まず大前提として、焦って学校見学に早く行く必要はありません。また、早くに見に行った学校があまりに輝いてみえた結果、その学校に何がなんでも入りたいと視野狭窄になってしまうのは危険です。見学は小学校3、4年生から始めて、5年生までにある程度の数の学校を見学するとゆとりを持った学校選びができます。

もし低学年の学校見学のメリットを挙げるとしたら、ゆとりを持って学校見学を進められる以外にメリットが3つあります。

①学年が低いため、偏差値にあまり縛られずに学校を見ることができる
②中学受験をする理由の一つは通わせたいと思える学校があること、それを見つけるきっかけになる
③中学受験するかどうかの話し合いの材料になる

もし①で見つかった学校が、子どもの偏差値に合わなくなった場合は、その学校のカラーと近い学校を探せば良いのです。塾と違って早くに行ったからといって、営業はかけられません。地方出身や公立出身で都内の中学受験がイメージできない家庭は、学校見学を中学受験をするかどうかの判断材料に使うこともできます。上記視点を持つならば、小学3年生くらいから学校見学を始めて良いですし、それより早くにいくつかの学校見学に行っても良いです。

4．中学受験は平均7校出願（首都圏）

首都圏の2021年度出願平均数は、6．9校です。※四谷大塚調べ

首都圏　2021年入試状況（1都3県）

定員	44,512名
出願延べ	約305,000名
受験者総数	52,000名
実受験延べ	約240,000名
合格延べ	約110,000名

※対象　首都圏（1都3県）

出願倍率	6.9倍
実質倍率	2.2倍
合格率	45.8%

参考 昨年

出願倍率	7.1 倍
実質倍率	2.4倍
合格率	42.6%

※（受験者数の非公表、未公表は推定値）四谷大塚調べ

首都圏の出願平均校が約7校と多いのは、たとえば、都内在住でも埼玉の1月10日から始まる受験を受け、つづいて1月20日から始まる千葉の学校を受験し、東京の2月1日などの本番に向かうからです。また、1日の中でも午前入試、午後入試があり、1日2回受験をすることも今や当たり前になっているからでもあります。

併願校もしっかり見学することは悔いのない受験に繋がる

受験は最悪のケースを想定した準備をして、最善の結果を期待するも

のです。目標校、実力相応校、安全校、いずれの中にも通いたい学校を探しておくことが大切です。

たとえば、東京在住のYくんは7校に出願しました。

栄東（1／10）↓市川（1／20）↓渋幕（1／22）↓麻布（2／1午前）↓広尾（2／1午後）↓本郷（2／2午前）↓海城（2／3午前）

※結果によっては、芝（2／4）↓広尾・本郷（2／5）も視野に入れていました。

※私立中学校は2回目・3回目受験で同じ学校を再受験できるところが多いです。

Yくんは、栄東の東大クラスに合格、市川・渋幕は不合格でした。この渋幕の不合格がわかった1月24日に、ご両親から「うちの子、このまま麻布を受けてもいいのでしょうか？」と相談されました。こういった場面が一番、気を遣う場面なのです。なぜなら、その子にとってどの選択がプラスとなるか？何が大事なのか？を真剣に考える責任があるからです。親御さんが悩まれた理由は、直前の模試で麻布の合格率が20％だったからです。

でも、私は親御さんの気持ちを聞いた上で「麻布を受けましょう！」と背中を押しました。理由は、第一志望以外の学校である栄東も本人が見学をしていて、「すごくおもしろかったから、僕はここ（栄東）に通ってもいい！」と言い切っていたからです。その言葉があったので、「挑戦して、悔いのない形で臨みましょう」と伝えました。

その後、Yくんは、麻布、広尾、本郷と受け、結果として麻布を含む全てに合格しました。これは、栄東に合格していなかったら…もしくは合格していても見学に行っておらず「僕はここに通ってもいい」という思いがなかったら、東京入試でのチャレンジはできなかったかもしれません。つまり、第一志望以外に受験する学校にも、できるだけ見学に行っておくことは、第一志望の合格にも大きなアドバンテージになるのです。

ちなみに不合格だった場合は、2月4、5日の入試日程までを視野に入れて出願していたので、合計9校に出願をして、受けたのが7校ということになります。出願校の多さに驚かれる方もいらっしゃるかもしれませんが、実際このように合否による場合分けをしてパズルのような受験スケジュールをその子に合わせて組んでいく場合が多いのです。

通える距離にある「噂」の学校にまず行ってみる

学校見学の初めの一歩は、通える距離にある「噂」の学校にまず行ってみることです。

「噂」の出どころは、様々あります。ママ友や近所の家庭や親戚、雑誌やテレビ、塾の先生からなどなど、言ってしまえば何でも良いです。少しでも興味を持った学校から行ってみてください。学校はいくつか見学して初めて違いが見えてきます。（ただ、前述したように忘れてしまうこともあるので、記録は残しましょう）そして、はじめの一歩を踏み出せると、2回目以降は見学の流れがわかり、格段に参加しやすくなります。申込のタイミングや日程が限られているため、そこが合わずに次の機会に申し込まないといけないこともあります。その意味で、小学3年生か4年生に見学を始めて、ゆとりを持ってスケジュールを組めるのが理想です。なお、良い学校の説明会に行くとこれからの子育てのヒントや学びが多くあります。私は見学に行くことが好きで、教育を学ぶセミナーに行く気持ちでワクワクして出かけています。保護者の方も最終的には中高一貫校の多様性や独自の教育に触れ、学校見学を楽しめるようになるといいですね。受験を検討していて、まだ行ったことがない方は、次項目の学校見学の仕方を参考にしていただき、ぜひ一校申し込んでみてください。

5．見学の種類

学校見学は大きく分けると4種類あります。

①合同説明会
②各学校が開催する説明会
③各学校の参加型イベント（文化祭・体育祭などの学校行事や体験授業）
④小学5、6年生時に受ける模試会場

見学のはじめ方としては、学校説明会に親だけ行くか、学校の公開行事に親子で参加することをお勧めします。

「合同説明会」は、複数の学校が一堂に会する説明会なので、どこに行くか全く見当がつかない方は利用すると良いでしょう。ただ、やはり得られる情報量は少ないため、実際に学校に足を運ぶ「学校説明会」に行くことが必要です。その際、まずは「親だけ」で大丈夫です。子どもを学校説明会に連れて行くと、大人向けの説明に退屈して逆効果になる場合もあります。その次に、親が気に入った学校の行事（文化祭や体育祭、体験授業）に子どもと一緒に参加して、子どもがそこに馴染むかを見たり、子ども自身がどのように感じるかを知りましょう。なお、文化祭などに遊び感覚で参加してみることから始めても良いです。

ちなみに、コロナの影響により、学校説明会をオンラインで行う学校が増えてきてい

見学の種類

合同説明会	◎一度に複数の学校について知れる ◎学校説明会に行く前の参考にしやすい △表層的な情報になりやすい
学校説明会	◎学校の環境やリーダーの人柄がわかる ◎学校の情報が豊富に得られる △子どもは連れて行きづらい △生徒の素の様子がわかりづらい（案内してくれる子がいても、外向きの顔しかわからない）
学校行事・体験授業	◎子どもと行くのに適している ◎在校生の実際の姿が見られる △学校の全体像がわかりづらい
模試会場等で実施される〜親向けの説明会	◎小学６年生で、５校前後に行ける ◎学校見学のおまけとして、併願校選びなどに使うと良い △人気の模試会場はすぐに締切になるので注意

ます。「オンライン説明会」は、「合同説明会」よりは情報が手に入り、実際に足を運ぶ「学校説明会」よりは情報が少ないという印象です。メリットとしては、手軽に複数校を見学できる点です。通常では、説明会すら抽選になってしまう学校でも、定員がありません。また、説明会の日程が合わなくてもアーカイブ視聴が一定期間できるのは良い点です。また動画であれば、ながらでの視聴も可能です。

しかし、校風は実際にその学校に行ってこそわかります。ですから、実際に足を運ぶ学校を選抜するためにという目的意識で、オンラインを活用するのが良いと思います。

学校見学のお勧めサイト

多くの学校では、定期的にホームページで学校説明会の情報を更新しています。興味のある学校が決まっているのであれば、直接ホームページを見てください。

■見学に関する情報収集の参考サイト

◎「育伸社　入試情報最前線　学校行事・学校説明会開催情報」

https://www.ikushin.co.jp/school/index.php?mode=list&e=27　※リンク先は2020年度のもの

全国の私国立中の説明会や文化祭・体育祭情報などが網羅されています。ここから気になる学校のスケジュールを確認して、それぞれのホームページを見ると良いでしょう。

◎「ｓｔｕｄｙ中学受験　説明会・イベントカレンダー　※首都圏のみ」

指定した日から10日間以内に行われる学校見学のスケジュールが一覧で紹介されています。各学校の申込サイトへのリンクがあり、大変便利です。

https://www.study1.jp/kanto/briefing_calendar/

6. 学校を見る・選ぶ視点

見学で学校のどの部分を見るのかは、家庭ごとにあって良いと思います。「うちはこれを大切にしたい」という考えを持って見学すると、納得いく学校を見つけられます。大切なのは、周りの評価や良いと言われる学校に合わせるのではなく、家庭が選ぶことです。

その前提の中で、選ぶ視点・基本条件を挙げると5つになります。

①距離

家からの距離はとても大切です。6年間通うことを考えると、寮に入れる場合を除き、基本「ドアtoドア」で1時間以内が良いでしょう。よっぽど行きたい学校がある場合でも、片道1時間半が限界です。今は、GoogleMapsのような地図アプリでルート検索をすると、朝の通学の時間帯に自宅から何分かかるのか簡単にわかりますので、見学の前に調べてみてください。単純に時間だけではなく、乗り換えの回数、電車に座れるか、混み具合も考慮に入れましょう。更には、子どもの体力、朝早くまたは夜遅くまで練習がある部活に入るか、帰りがけに寄れる塾があるのかなど、様々な想定をしつつ、まずは1時間以内で学校を探してみましょう。今はコロナの影響で、より近くで検討される方が増えている印象です。

②偏差値

その子がその子らしくのびのびと6年間学べることはとても大切です。その意味では、偏差値も大切な指標です。クラスで学んでいて居心地の良いと思える環境はその子の学力とも関係があります。「偏差値だけ」で学校を選ぶのは危険ですが、「偏差値と校風」の両方から探すことで、その子に適した学校が見つかります。

なお、受ける学校は、最終的に「平均偏差値±5」の中で、挑戦校・実力相応校・安全校を設けることです。中学受験は公立一貫校だけに絞らない限りは、たくさんの学校を受験できます。気に入った学校のカラーを軸に、似た特色の学校を違う偏差値帯でも探してみてください。

中学受験偏差値は取り扱い要注意

■中学受験の偏差値50は、高校受験や大学受験の偏差値50より取りにくい。

中学受験は、限られた子が受ける受験です。しかも、公立中に行ける中で私立の授業料をわざわざ払って通うため、教育意識が高い層・学力上位層が多く受ける受験です。そのため、高校受験や大学受験の偏差値より平均のレベルが高いのです。実際に中学校からも高校からも入れる学校の偏差値を比較すると、高校受験において偏差値が10以上高くなる学校は多くあります。親御さんの中には、自分たちの経験から、高校受験や大学受験の偏差値のイメージで、「偏差値50なんて…」と時に捉える方もいらっしゃるので、レベルの高い層での競争であるという前提で見てください。

■母体となる集団によって偏差値は大きく違う。

首都圏には、四大模試と言われる模試があります。SAPIXの公開模試（サピックスオープンなど）、四谷大塚の公開テスト（合不合判定テストなど）、日能研の公開模試（全国公開模試など）、首都圏模試センターのオープン模試（首都圏模試など）です。

模試は母体となる集団によって同じ学校でも偏差値が変わりますが、中学受験はあまりに大きな開きがあります。偏差値が最も低く出るのがSAPIX、一番高く出るのが首都圏模試です。この2つでは同じ学校でも合格に必要な偏差値が15以上離れていることもあります。

中学受験を始める際は、ただでさえ他の受験より偏差値が低く出る受験ですから、その中でも偏差値が高く出て、幅広い学校の偏差値情報を載せている首都圏模試センターを参考にしながら、学校探しをするのが良いでしょう。

参考データ

□「首都圏模試センター　偏差値一覧」　https://www.syutoken-mosi.co.jp/application/hensachi/

※中部や関西圏にお住まいの方

□「日能研模試　入試情報　予想Ｒ４偏差値」　https://www.nichinoken.co.jp/np5/schoolinfo/r4/expectr4.html

Ｒ４とは、合格可能性を示す数値で、偏差値による合格率の各段階（ＲＡＮＧＥ＝レンジ）を示し、『Ｒ４＝80％、Ｒ３＝50％、Ｒ２＝20％』を意味します。

■複数回入試、特色入試の影響で、回によって偏差値が異なる。

たとえば、右記の参考データの偏差値表を実際にご覧いただくと、同じ学校名が複数記載されていることがわかると思います。御三家などのごく一部の学校を除いて、ほとんど全ての学校が２回以上入試が行われます。また、同じ学校でも、４科目入試だけでなく最近流行りの算数１科目入試があるなど、多様な入試のスタイルがあります。一つの学校でも科目数が減れば偏差値は上がりますし、一般に後ろの日程になるほど偏差値は上がります。そのため、各学校の偏差値は一番低い偏差値を基準にしてください。

トップオブトップの学校（首都圏では筑駒や御三家など）は、入塾テストや塾のクラスの上位にいないとなかなか逆転は難しい側面があるのは事実ですが、小学５年生以下ならば、今の学力や偏差値をあまり気にせず、あくまで一つの目安として学校を見学に行かれてください。そこで見つかった学校のカラーと偏差値が共に合う学校選びの調整は、小学６年生で行います。

学力レベルは偏差値だけでなく、大学進学実績でも判断する

このような多様な切り口がある偏差値ですから、学校の学力レベルを別の視点からも捉えることも大切です。それは大学進学実績です。偏差値の高い学校は大学進学実績も良いことが多いですが、その時々の流行りや日程などの影響で、偏差値が上下することがあります。そのため、進学実績も学力レベルを考えるときに押さえたい視点です。も

ちろん大学進学実績も一人で多数の大学合格をとる子がいるため、偏差値と同様に取り扱いに注意したいです。実績は一人が受けられる回数の限られる国立大学の進学数を見ると良いでしょう。

③学校の種類

学校の種類は、大きく分けると男子校や女子校の別学なのか、共学なのか。そして大学附属校かどうかです。

「うちの子は別学か共学のどちらが良いと思いますか」という質問もよくいただきますが、結論からお答えすると、多くのお子さんはどちらに通われても大丈夫です。なぜこのようにお伝えするかというと、学校選択が絞られてしまうのがもったいないからです。たとえば、都内では志望校を「共学だけ」にするとかなり限られてしまいます。また、「男子校に行きたい」「女子校に通いたい」と言う子どもも「男子校・女子校に行きたいけど、○○中なら共学でもいい」という意見になることが多いからです。ですので、初めから学校を別学か共学かで絞らないようにしましょう。なお、子どもは「男子校・女子校がいい」「共学がいい」と直感的に言うことが多いですが、それは一つの意見として聞きながらも、少なくとも見学はどちらの種類の学校にも連れて行ってください。

とはいえ、私立の魅力である校風は、別学や共学であることに大きく結びついています。さらには、男子校や女子校という分類は同じでも、学校ごとにそのカラーは全く違います。男子校や女子校に行くメリット・デメリットはそれだけで一冊の本になるほどです。しかし絶対的な正解があるものではありません。また表現によってはＬＧＢＴの方などにとって、違和感があることもあるでしょう。それらのこともあると承知した上で、学校の種類による、一般的な特徴をお伝えします。

メリット・デメリットで志望校を決めるということではなく、特徴を知るという意味で参考にしてください。たとえば、別学の学校は、異性と出会う機会、異性を学ぶ機会が少ないことがデメリットとして挙げられ、実際、気にする方も多いでしょう。しかし、それは、きょうだい構成や学校以外の異性に触れる機会があるかなど、その子その子によって変わってくるものです。同性だけの環境が心配であれば、たとえば、学校以外でその子が所属するコミュニティを増やし、異性とも交流があるようにしてあげることもできます。

■男子校

小学校を卒業しても幼さが強く残り、クラスと歩調を合わせるのが苦手な子にとっては、男子校はより自分らしくいられます。やはり成長は一般に女子の方が早く、特に中学時代はその差が顕著です。ですので、共学に行くと、女子にやり込められたりして幼さを否定されてしまう子は男子だけで過ごすことが適しています。合わせて、ふざけるのが大好き、またはルールなどからはみだすのが好きな男子は、女子から「はぁ、馬鹿じゃないの！」「ちゃんとやってよ！」と言われずに、ふざけることがヒーロー扱いされることもある男子校の方が、よりのびのび過ごしやすいでしょう。

■女子校

女子校の特徴は、男子の目を気にしない中で思春期を過ごせることです。また、学校運営に関わる役割を女子だけで担うので、共学ではあまり女子が担わないような役割を経験することもできます。ジェンダーに縛られることなく過ごせることが、今の日本社会では武器になると考える学校もあるようです。たとえば、共学ですと、理系は男子、女子は文系の割合が高いのですが、女子校は理系を選択する子の方が多いという学校もあります。これはもちろん様々な条件が考えられますが、男子の方が理系が得意というジェンダー観に縛られない結果でもあります。荷物を持つのは重いから筋力の強い男子の役割などと考えるのではなく、性差に関係なく自分のことは自分でやるという経験ができます。女子としての自分ではなく、自分がただ自分らしくいられるのです。

■共学

共学の特徴は、社会構成と同じように男女が混ざって学校に通っているということです。男女がお互いを学べます。だからといって、結婚に有利などということはありません。それでも、傾向として別学出身者より、社会に出たときに接する異性の気持ちを想像しやすい面があるようです。

いずれにせよ、どんな環境であっても、それぞれの個性が輝く環境を選択していけるようになってほしいと思います。そういう意味では、完璧な学校はないともお伝えしておきます。完璧に見え、憧れた学校でも入学後に欠点が見えることはあります。しかし、それは当たり前のことです。これは就職や結婚などについても当てはまります。家庭に合う学校探しは中学受験を選択する醍醐味ですが、100点満点の学校はないと考えることも同時に大切な視点です。つまり、100点の環境に行ければバラ色の生活が待っていると環境に期待し過ぎない。家庭の価値観に合う学校をしっかりと考えて選択した後は、仮に選択したときには気がつかない欠点があったとしても、その学校やその時期を楽しめるように主体的に過ごしていくことが大切です。

■大学附属校の特徴

一口に大学附属校といっても、ほとんどの生徒がそのまま内部進学をしていく学校か、他大学を受ける進学校かによって大きく異なります。たとえば、共立女子中学では、系列大学へ進むのには推薦制度もありますが、実際に進学するのは15%ほどで、他大学を受験する進学校の色合いが強いです。そして同校のように、系列大学の推薦枠を残したまま、他大学を受験可能な学校もあります。また、同じ大学系列でも、学校によって違いがあります。たとえば、早稲田中学は推薦でそのまま早稲田大学に進むのは全体の50%ほどです。外部模試も積極的に取り入れ、他大学受験もしやすいカリキュラムのため、毎年30名前後が東京大学に合格します。なお、同じ都内でも男子校の早大学院や共学の早稲田実業はほぼ全員が早稲田大学に進学します。早稲田中は他大学を受ける進学校タイプ、それ以外は内部進学タイプの学校になります。

大学附属校のメリットとしては、やはり受験勉強に縛られないことです。特に近年、各学校は高大連携を強めており、大学を見据えた探究的な勉強のできることが魅力です。同時に、受験勉強に費やす時間を、自分のやりたいことに打ち込むこともできます。タレントの芦田愛菜さんの慶応中等部ではありませんが、学業以外にも打ち込みたいものがあるときに選ばれる傾向があります。

④学校の特色

①②③で学校の大枠を絞った後、次の学校選びの視点はその学校の特色です。中高一貫校には学校ごとに個性があり、たくさんの個性の中から学校を選べることが中学受験の醍醐味の一つです。以下、特色を見る上での視点をお伝えしますので、家庭の考えに合う学校を見つけるときの参考にされてください。

ある人にとっては良い学校でも、その学校の教育観が家庭に合っていなければ、良い学校にはなりません。万人にとって良い学校は存在しないのです。ですから、偏差値だけでなく、各学校の文化をしっかり見て、納得する学校に進学してほしいと思います。

学校の特色とは

学校の特色のイメージを捉える上で、カリキュラム株式会社と算数教育家・プロ家庭教師の安浪京子さんが作成された校風マトリクスが参考になります。コロナの影響で学校への取材ができなかったり学校の対応が変わったりしているため、２０２０年度は作成されていないようですが、次ページのような座標軸で、学校の校風を分けているので参考にしてみてもいいかもしれません。

これは縦軸を「革新・体験」「知識・保守」、横軸を「自主性」「管理」として、各学校の特色を分類したものです。

この軸の指標は、特に初めて学校の特色を考えるご家庭の参考となるでしょう。

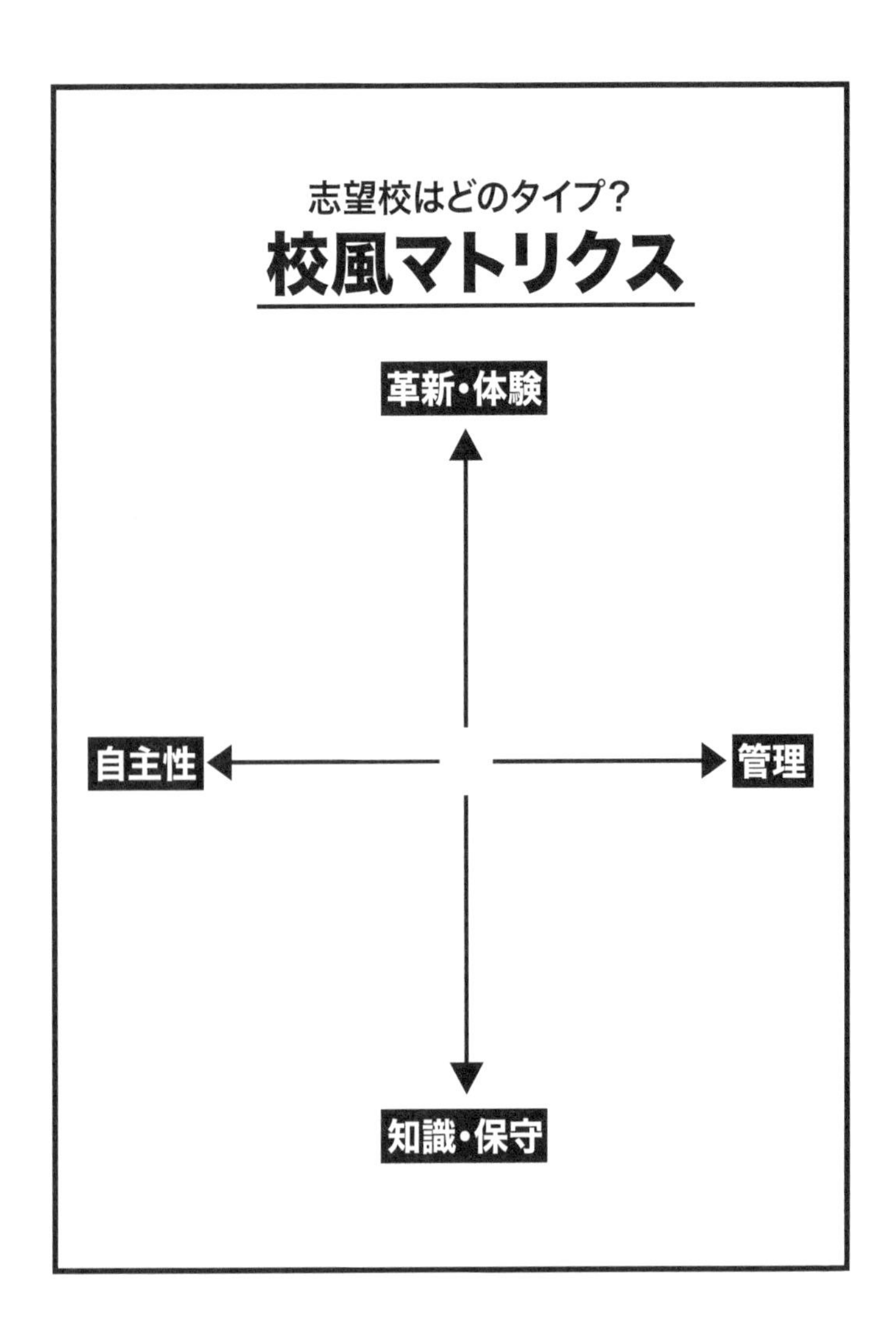
志望校はどのタイプ？
校風マトリクス
革新・体験
自主性
管理
知識・保守

＊参考「校風マトリックス」カリキュラム株式会社　https://curriculum.co.jp/matrix/

「革新・体験」か「知識・保守」か

学校の特色を捉える視点の一つとして、「革新・体験」のように、外部講師を呼ぶような新しい取り組みに積極的かどうか、体験型学習を多く行う学校かどうかということがあります。たとえば、神奈川の聖光学院では、教育の枠にとらわれず、生きる力を伝える「聖光塾」を開いており、そこでは外部からの特別講師を招いたりして、大学で学ぶようなアカデミックな内容をふんだんに盛り込みながら、生きる力を育む体験型の学習を行っています。

「知識・保守」のように、長い伝統を活かした特色があるかという視点もあります。たとえば、東京の世田谷学園では、座禅を授業の一部で取り入れており、専用の施設「禅堂」もあります。なお、世田谷学園は「知識・保守」に位置付けられていても、実験やフィールドワークを積極的に取り入れた理数コースを開講するなど、決して体験学習がないわけではありません。あくまで伝統を大切にしている特色の強い学校として捉えてみてください。

「自主性」か「管理」か

横軸の「自主性」と「管理」は、学校の特色を捉える大切な視点です。まず、前提として「自主性」は上位校に行くほど多いです。それは自主性を発揮できる子が多いため、自主を尊重する教育法をとっているのです。なお、「自主性と管理」と聞くと、多くの親御さんは自主性の方が良いと考えられますので、管理の部分は「手厚さ」と置き換えてみてください。その上で、我が子は自己責任の中で自由に育てたいのか、丁寧に手厚く見てもらったほうが良いのかを考えてください。

なお、自由や手厚さ、管理などは、見方や家庭によって感じ方は違うものとなります。たとえば、学校行事で生徒に権限を与えて自由に行わせて、責任は先生が取る形で自主性を重んじる駒場東邦中は、見方によって手厚い学校と言えるかもしれません。同校の修学旅行は生徒自らがプレゼンテーションを行い、行き先を生徒が投票で決めます。修学旅行先などは学校で決めてしまったほうが簡単で楽なのに手間暇かけているからです。

家庭ごとのマトリクスを作る

安浪京子さんとこの校風マトリクスについて話したときに仰っていたのは、「このマトリクスのどこに自分の子どもが当てはまるかを考えることよりも、それぞれの家庭ごとのマトリクスを作ることの方が大切です」ということでした。たとえば、「うちはやはり中高は運動部に打ち込んでほしいから、大きなグラウンド・大きな体育館・屋内プールを持っているかどうかを軸にしよう」とか、「学校行事が魅力的かどうかを軸にしよう」などといったものです。校風マトリクスは、あくまで参考であり、それぞれの家庭のマトリクスを作るための例として活用してください。

学校見学の視点のまとめ

次ページの表は、見学で学校の特色を捉えるための視点一覧です。網羅しているので項目は多いのですが、この中から1つ2つ、これだけは大切にしたいというものを選び、それを軸に学校見学をされてください。※巻末にダウンロード可能URLをつけておきますので、実際の見学のときに必要であれば活用してください。

学校見学の視点

記入者：

学校名：　　　　（最寄駅：　　　）　記入日：　　年　　月　　日（　）

参加イベント：学校説明会／文化祭・学園祭／体育祭・運動会／体験授業／オープンキャンパス／その他（　　）

大項目	小項目	メモ
人	□校長先生・先生（雰囲気・話し方、服装、年齢…） □在校生（制服の着こなし、髪型…） □父母（場違いな感覚はないか）	
校風	□教育理念（建学の精神） □第一印象（肌感覚、「自分に」「わが子」に合うか） □芸術・スポーツ（どこに力を入れているか、部活の種類…） □校則（細かく厳しいか禁止事項がほとんどないか） □宗教教育	
施設・設備	□校舎（設備の状態、清潔さ、自由さ…） □図書室（蔵書数・自習スペース…） □特別教室（理科実験室、視聴覚室、PCルーム、音楽室…） □食堂（清潔感、弁当、売店…） □スポーツ施設（プール、テニスコート、武道場、グラウンド…） □掲示板	
進学・授業	□教育・授業方針 □大学進学実績（HPで公開、現役・浪人、推薦、内部進学…） □高校進学条件（進学条件の有無） □大学受験指導（授業進度、コース分け、大手予備校との提携…） □補習・特別授業 □国際交流	
入試	□選考方法（科目・面接） □出題傾向 □昨年からの変更点（昨年のデータ） □小学校の調査書・欠席状況の取り扱い □特定教科の高得点の優遇 □複数回受験のときの優遇の有無 □部分点の取り扱い（途中式の減点加点基準、記述の部分点…）	
その他	□周囲の環境（最寄駅から学校まで） □通学経路と時間（ドアtoドアで何分？、乗り換えの有無…） □防災対策・耐震性（耐震補強、非常食等の備蓄…） □制服 □学費	

※最優先すべきは、『そこに“我が子”がいたら』を想像することです

⑤その他

繰り返しになりますが、「良い学校」は家庭ごとに違うことは大前提です。とはいえ、私自身もたくさんの学校見学の中で、心に響く学校と響かない学校があるのは紛れもない事実です。ここでは、学校の特色とは別の側面で、良い学校を見つけるための視点についても考えます。

■リーダーの人物像

教育はやはり人が行うものです。特に、トップの考えは組織の進む方向を決めるコンパスになります。単純に話がうまいかどうかではなく、想いがしっかり伝わってくるかを見てください。校長が変わると学校の雰囲気が変わるともよく言われます。校長などの学校の指導的立場に立っている人が、どのような想いで教育をしているかは大切な視点です。

■教育理念をその学校だけの言葉で語っている

私学にはそれぞれに教育理念があります。特に伝統校では、たとえば慶應の福沢諭吉の「独立自尊」のように、創立者の想いや言葉があり、それを今の時代にどう繋げるかということに、その学校の伝統と独自性が現れます。対して、最近流行りの英語・カタカナ言葉（グローバル、ICT、アクティブ・ラーニング）だけでしか学校の魅力を語れないところは眉唾ものです。

■言行一致

学校説明会はどうしても外向きの着飾った学校の姿になります。ですので、その語られた言葉や理念が、きちんと行動の原則となっているかを見ます。つまり、理念が隅々まで行き渡っているかという視点です。先生や在校生、行事やコロナ対応など、その学校らしさが一貫して感じられる学校は間違いなく良い学校です。

■先生・在校生の雰囲気

親が家庭に合う学校を見つけられたら、次は子どもをそこに連れて行きましょう。在校生の印象は出会った子によっても変わるので、俯瞰して全体像として捉えてください。体験授業では、学校の授業参観と一緒で、いつもの雰囲気とは違いますが、授業の方針と先生の雰囲気がわかり、そこで学ぶ姿が想像しやすくなります。

学校の特色や文化は、そこに通う子どもに見えない形で代々受け継がれています。その雰囲気を学校行事に参加して感じ取ってください。在校生の姿を実際に見ると、数年後、我が子がそこでどんな姿で過ごすのかがイメージできることもあれば、そうではないこともあるでしょう。そして、子ども本人がどう感じるのかは、特に大切にしたいポイントです。

親から見て、どんなに良い校風でも、どんなに良い在校生でも、我が子が通うイメージが持てない学校はあります。校風と在校生をあわせたその学校ならではの雰囲気を総合的に見て、我が子が通うイメージが浮かぶかどうか、考えてみてください。

通いたい第二志望を見つけること

幸せな受験にするとても大切なポイントがあります。中学受験は合格率を考えると、とても厳しい世界です。第一志望の学校に入れる子は3人に1人と言われていますから、それだけで見ると、報われない受験になる可能性のほうが高くなります。だからこそ、通いたいと思える第二志望（群）を見つけることです

第一志望以外の通いたい学校は全て、第二志望と私は呼んでいます。もちろんその中

で優劣はあっても良いですが、これは学校を順位づけすることが目的ではなく、むしろ「第一志望以外にも通いたい学校がたくさんある」と思えるようになることが目的です。ちなみに第二志望以外には練習校があります。それは受験をしても通う可能性がない学校のことです。場馴れや力試しのために受験をするのですが、距離などの関係で受かっても通う予定がない学校のことです。

「通いたい第二志望」を持っていたからこそ、第一志望校に挑戦ができたYくんの事例でもご紹介しましたが、親や先生の責任として、通いたい第二志望を見つけてあげることはとても重要です。これは、受験の平均倍率が3倍であるということ＝第一志望に行けない可能性も大いにある中で、中学受験を最高の機会にするためにリスクヘッジとしても必要です。もし、通いたい第二志望を探してない場合には、第一志望に受からないときに仕方がなくその子が輝けないような学校に通うことも考えられます。そうなると、中学受験に費やしてきた時間も無駄に思えてしまうかもしれません。

基本的には、子どもも家族も憧れの第一志望に向かって懸命に努力をします。それが成長に繋がりますし、悔いのない受験になるのです。しかし、一方でそうやってはまっていくからこそ、受験シーズン中にふと不安がちらついたときに、「大丈夫！第二志望になっても行きたいと思えるところを選んだものね」と思えることも大事です。しっかり学校も考えた、勉強もやることをやった、悔いがない、そう思える状況を親子で作っていくことが必要なのです。

「第一志望に合格しなければ意味がない」とか「結局、最終学歴として同じ大学になるなら、公立中高からも行けるから意味がない」というような見解もあります。しかし、最終的に大学が同じだったとしても、その学校しかない文化のもとで思春期を過ごすところこそが、私立に通う魅力の一つです。気に入った文化の学校を家庭で選んで受験できるのですから、その辺りも含めて「第一志望にしか行かない」という考えではもったいないのではないでしょうか。

親御さんの出身校で「ここだからこそ、通わせたい」という想いがあることもあります。その場合も、出身校に加えて、同じように素晴らしい取り組みの学校、同じようにいい経験にできる可能性のある学校を探してみる、見てみると新たな学校との出会いがあるかもしれません。

最初は親が決断し、つづけるかは子どもが選ぶ

繰り返しになりますが、中学受験は親がやるという覚悟を決め、選択することが大切です。「お母さんはこういう理由で、中学受験塾に通ってほしいと思っているんだ」と親の想いをまずは子どもに伝えた上で、親が決断していいのです。

では、子どもの気持ちはどう活かしていったらいいかというと、学年の変わり目などです。このまま受験勉強をつづけるか、親が考えを伝えてもいいのですが、やはり子どもに「受験を継続するかどうか」を決めさせてほしいです。ちなみに中学受験を始めたとは言っても、小学4年生の間は、子どもが本当に受験をしたいかを選ぶ判断期間ぐらいの軽い気持ちでいるのが良いと思います。

中学受験は負荷が高いため、新しい学年に進級したときに大変と感じる子が多く、やめたいと言う子も出てきます。しかし、実際にはそういった気持ちの壁は、乗り越えられることも多く、「ちょっと辛い」という理由ですぐにやめてしまえば、成長のチャンスを逃すことにもなります。そういった場合は、是非、精神面を支えて、乗り越えさせてあげてください。また、学習レベルや宿題の量が適切でないときもありますから、そういうときには塾の先生に相談して、子どもをサポートしてあげてください。しかしながら、やらされている感が強く、宿題もできず、本人がやめたいと思っている状態が数ヶ月にも渡ってつづくときには、思い切ってやめることも大切です。

途中でやめるときには、誰も降りない駅で、バスを降りるような勇気が必要です。しかし、家庭の軸に照らし合わせ、本人の様子次第で、誰も降車ボタンを押さないタイミングでも迷わず、中学受験のバスを降りることは、大切な決断なのです。登山で言う、引き返す勇気と一緒です。途中でやめることも幸せな受験の一つです。

最後は子どもが行きたい学校を選ぶ

「受験校に関して、夫婦や親子で意見が違う場合はどうしたら良いですか」という質問があります。それに対する答えは、「親がなぜその学校が良いと思うか、丁寧にゆっくりと説明してあげてください。その上で、最後は子どもに決めさせてあげてください」です。これも中学受験をする・しない、継続する・しないと同じ視点です。学校見学も親が子どもにとって良いと思う学校に連れていくのですが、志望校は最後、子どもに決めさせてください。中学受験は、子どもの本格的な自立への第一歩なのです。

自分の人生は自分で決める！受験校も子どもが決める

以前、東京国際フォーラムで行われた合同学校説明会に、小学6年生の子どもたちを連れて行ったことがあります。（※現在は小学5年生から行っています）合同学校説明会は、一般的には親子で行くことが多いですが、私は、子どもが「自分で（学校を）選択する」ことを重視しているため、ブースの先生にどんな質問をするかを確認したり、失礼にあたらないようにマナーを教えたり、質問の練習をしたりといった準備を重ねたあとに、子どもたちを連れて行くことにしています。

この日、Rくんは、行きたい学校のブースに自ら向かい、「僕はこういうことに興味があるのですが、御校ではそれができますか？」という質問を重ねていました。Rくんの説明の聴き方や質問の仕方を見ていると、自分で聞いたからこそ納得している様子がわかりました。実は、当初、3時間くらいで帰ろうと思っていたのですが、Rくんは、「もう少し残って、いろいろと聞いていっていいですか？」と自ら居残りを希望しました。

他にも、Rくんは、学校見学に行くと、近くにいる先輩をつかまえては、「実際に通われてどうですか？」など、積極的に質問をするようなタイプでした。自分が疑問に思ったことを率直に質問し、自分で感じたことを大切にしていました。

受験する学校を選ぶ際には、親の考えや学校の傾向も事前に理解した上で、最終的にRくんは、行きたい学校を自分で考えて選びました。

学校を最後に選ぶのは自分。何も考えずに人の意見を受け入れるのではなく、きちんと受け止めた上で、最終的には自分で判断することが、Rくんはできるようになっていたのです。Rくんのその姿には、自立していく様子がはっきりと感じられました。

実はこのRくんの立ち振る舞いは、親御さんが初めにやって見せていたことでした。Rくんは、たとえば、親と一緒に歴史館や美術館に行ったときに、「これは、どうなっているんですか？」と積極的に人に話しかけて、情報を得ている親の姿勢を、側で見ながら育っていたのです。

大事に持っておきたい視点は、学校選びも含め、受験に合格するというゴールに辿り着く車を運転しているのは子どもだ、ということです。親も一緒に中学受験の過当競争に巻き込まれてしまうと、「主役・運転手は子どもである」ということをつい忘れてしまうこともあると思います。しかし、決して親が運転手で、子どもを助手席に座らせているわけではないのです。運転手・主役は、あくまで、子どもなのです。

初めは親が決断、最後は子どもが選ぶというのは、中学受験の要諦です。それは、受験を通じて自立を作っていく上でも、大切なステップです。

親の役割は、最後は子どもを信じて、健康な状態で受験会場に連れて行くこと

花まる学習会の小学1年生から受験まで約6年間、私が受け持ったTくんの例です。お母さんは小学4年生の頃までは、手取り足取り息子をサポートしていました。ただ、入試最後の時期について、このようなお話をされました。

「受験生の母親という視点で見た息子の様子は、『スイッチが入った』ということがなかったように思います。親からすると不安になるくらい終始マイペース。でもこちらから言わずともやることはやっていて、勉強の計画も息抜きの時間も全て彼自身が決めて行動していました。

私が『〜しなさい』などと言おうものなら途端にやる気を失う性格のため、勉強しなさいとかガミガミ細かく言わないことを常に心がけました。

追い込みの時期には、なんとも言えない重い空気が漂っていました。早く楽になりたい…正直、私がそんな気持ちになることもありました。子どももプレッシャーでイライラしがちでした。そんな空気感の中、私の余計なひと言で激しい親子喧嘩に発展してし

まったときには自己嫌悪に陥りました。子どもはもっと大変な思いをして頑張っているのだから、と……。

志望校のスケジュールが決まってから親にできることは、子どもの体調管理と環境を整えること。過去問の大量コピー。第一、第二志望校共にコロナ感染者の追加試験は実施しない学校だったため、うがい・手洗い・消毒などは特に神経質なほど、徹底しました。

あとは我が子を信じて見守るのみ。もちろん第一志望校に決まってほしいけれど、最悪のパターンも考えました。『結果がどうであれ、これから先の長い人生のほんの一部、縁あって決まった学校が最良の学校だから、気負いせずに最後まで頑張ろう！』と子どもと話して受験に臨みました。

試験を終えて会場から出てきた息子には、いつも『お疲れ様』の一言をかけて、それ以上はあえて何も聞かないようにしていました。息子の方から、『できなかった』と報告があったときも、『全力でやり切ったね、本当にお疲れ様』という気持ちで帰り道はとても清々しい気分でした。（中略）

不安から始まった中学受験でしたが、何より精一杯頑張って志望校合格を掴み、精神的にも成長した息子を誇りに思います」

中学受験で親がする成長とは

昔の教え子であるKくんのお母さんは、中学受験で子どもと一緒に成長できたと教えてくれました。

「小学5年生の1月、息子との関係は最悪でした。いよいよあと1年で入試本番になる。先に、親のほうにリアリティが湧き始めた頃でした。入試本番を見据えた勉強ができていないように見えて、もっと真剣に取り組んでほしい！と息子の態度に対しては不満に思っていました。

息子とは取っ組み合いのバトルも何度もしました。テキストを破ったこともあります。『塾に電話して中学受験はもうやめますと言うから！』と脅したり、作ったお弁当をゴミ箱に捨てたりしたこともあります。親として本当に酷いことをしましたが、それほどまでに私も切羽詰まっていたのです。

好奇心旺盛だった幼児期から、この子にはものすごいポテンシャルがあるんじゃないかと盲目的に信じていたからこそ、目の前の11歳の息子が、いつまでも本気になっているように見えないことに、私のイライラが止まりませんでした。

もっと本気になってほしい。もっと真剣になってほしい……。

伊藤先生に親子バトルになってしまうことを相談すると、『家で無理にやらせなくていいので自学室に来る時間を増やすように』とのこと。また面談の中で、『目標に向かってコツコツとやりきる経験をさせたい』という目的を、伊藤先生と私で共有しました。

正直、当初は、関係の改善策になるのかは半信半疑でしたが、離れる時間が増えることで、イライラは徐々に落ち着いてきました。息子は平日の授業がない日も自学室に通うようになり、土日も長時間、勉強していました。私自身のフルタイム勤務以上に長時間、塾で勉強していることに気づき、それなら家で勉強している姿がなくても良いじゃないか、と緩めることができるようになりました。

模試では、志望校や併願校の合格率に毎回ヤキモキしましたが、こちらが考えて口出しすることは、すでに伊藤先生と本人とで面談済みのことが多く、それ以上に本人は、これから何をすべきか、次はどうしたいかが、明確になっていました。だからこそ、親からの指摘よりも、本人が自ら気づいていることが力になるはず、と信じるようにしました。

そうして勉強は本人と塾にお任せすればいいと割り切れるようになり、私はセーフティネットとして、彼に合いそうな併願校探しに注力することにベクトルを切り替えることができました。

同時期に、私が仕事で資格試験を受けることになり、計算問題も多数出題されるので、『わからない…わからない…わかった！できた！』をウン十年ぶりに味わいました。その姿を息子も見ていました。仕事帰りに塾近くの喫茶店に向かい、息子を待ちながら資格の勉強するのは幸せな時間でした。お迎え後の帰りの電車内や、学校説明会の待ち時間にも、資格の勉強やウェブ模擬試験に取り組み、息子とはお互いの学びを応援し合い、無事、私が息子より先んじて合格したときは、息子もとても喜んでくれました。

これがきっかけかどうかはわかりませんが、息子はこの頃から真剣度、集中度、やりきることが増え、表情も充実感を覚えているようでした。

この時期、母親のベクトルが子どもだけに向いてしまうところを、こうして自分の資格試験などにベクトルを分散させたのは、お互いにとって良いことだな、と実感することができました。

中学受験は親子で挑む唯一の受験だと言うけれど、親にとっては、子どもの自立を見据えて俯瞰することと、真に必要な手助けをすることのバランス、それを親自身が会得するための過程だったと思います。私自身にとっては、自分の中に渦巻く葛藤に向き合えるか、が最大の課題でした」

中学受験における親の成長とは、子どもを自分とは違う一人の人間として尊重できるようになること。そして「大丈夫だろうか」という不安な気持ちに打ち勝ち、子どもを信じて、子どもの自立を応援することです。

ご縁があって通う学校を愛する

中学受験に懸命に向き合い、見事に第一志望の合格をされたご家庭には心からの祝福を贈ります。合格がわかったときの、心の底から湧き上がる喜びと、ご家庭の幸せな姿を見ることは、何にも変えがたい瞬間です。その上でですが、私は「第一志望であってもなくても、行った先で幸せになる」ということを常に伝えています。自分の周りにいる人は、縁があって繋がった人です。その人を大事にすることは、合格した先、就職した先で精一杯やるということにも繋がります。しかし、それは「我慢」とは違います。自分がいろいろと考えた末に決めたことでの結果であるならば、そこに「ご縁がある」と捉えて、前向きに生きてほしいと思うのです。ちなみに第一志望の不合格は子どもより親御さんの方が引きずるケースも多いです。「どこに行っても我が子は大丈夫！」どうか、そういう気持ちで中学校に送り出してあげてほしいのです。親御さんがそのように信じて送り出してくれたら、子どもはご縁がある学校で必ず輝きます。

受験も就職なども全て、願いや希望が叶わなかったときにこそ、どう考えるか、どう生きていくかが大切になってくるのだと思います。よくよく自分と向き合わずに決めたこと、人に与えられたり数値だけで決めたことであれば、そこでの縁を大事にできないこともあります。だからこそ、自分の気持ちを見つめ、自分で納得がいくように「選択」をしてほしいのです。そして、その選択が良かったと思えるように、行った先で幸せになってほしい、縁があった学校を愛してほしいのです。

第３章

中学受験２・０
シグマＴＥＣＨの取り組み

最後の章では、シグマTECHの取り組みの一部を紹介します。

シグマTECHの取り組みというのは、たとえば、「夕ご飯をお家で食べる」ことや「習い事を諦めない」ことで小学校生活全体の豊かさを追求し、主体性と自学できる子を育てることでその後の人生にも繋がる幸せな受験の追求を大きな目的としています。

小学校生活全体の豊かさを実現するためには、合格をしっかり見据えた上でも、合格のためだからと、一律のシステムや仕組みに、子どもを無理に当てはめたり、強制したりしないことです。要するに多様性を認めること、そして、自ら選択ができることが大切です。それは同時に主体的な姿勢や自学ができる子を育てるコツでもあると思います。

シグマTECHが使用しているツールや仕組みは、状況に合わせて日々変わっていくこともあると思いますが、主体的な学びができる環境を提供しつづけるという想いは変わりません。

また、主体的な姿勢や自学できる子を育てる上で大切なのは「好き・楽しいという思いで勉強する」ことです。そこに相乗効果をもたらすのが、「(人との温かな)繋がり」です。隣に仲間がいる環境だから、その場所が「好き」になり、頑張ることができます。また、

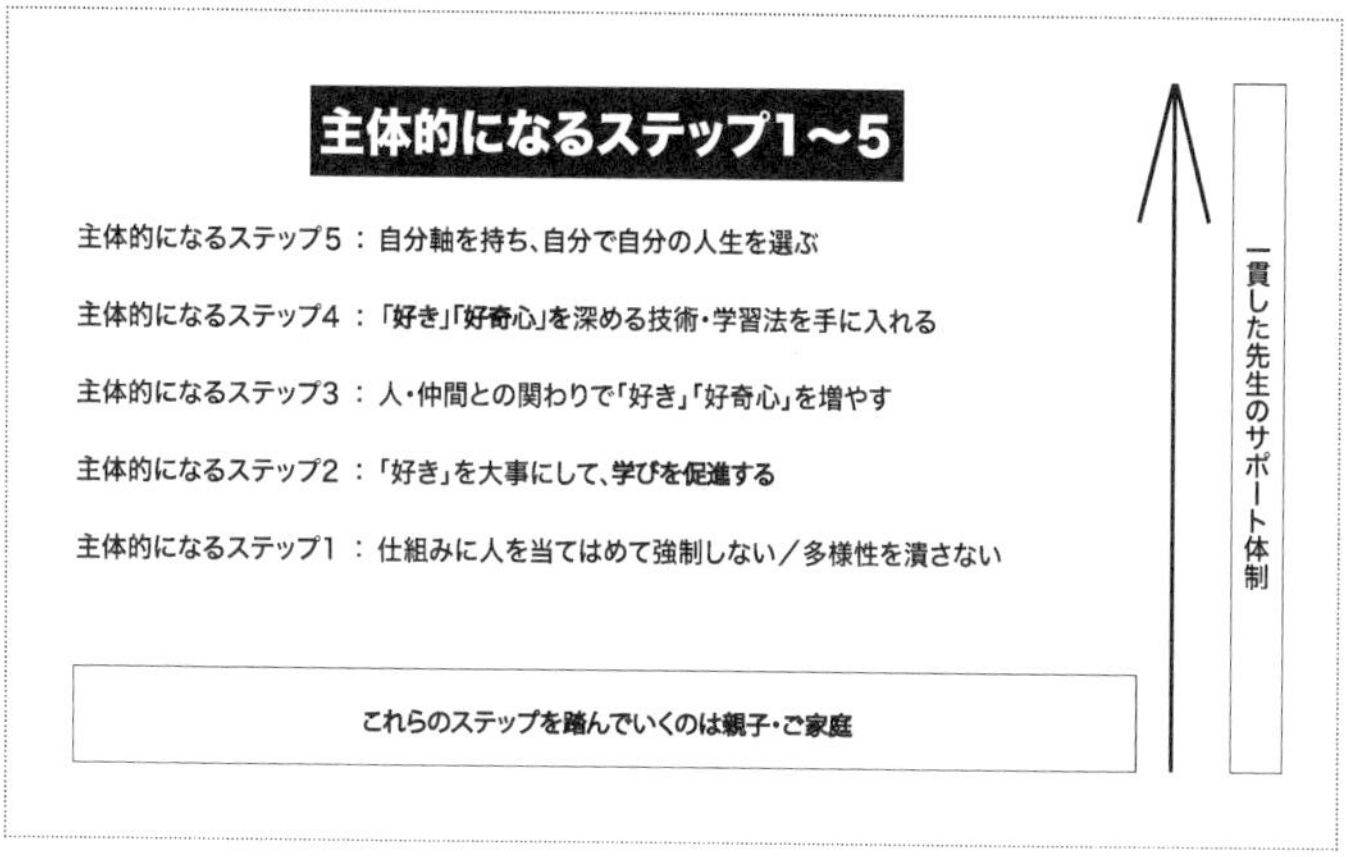

主体的になるステップ1～5

主体的になるステップ5：自分軸を持ち、自分で自分の人生を選ぶ

主体的になるステップ4：「好き」「好奇心」を深める技術・学習法を手に入れる

主体的になるステップ3：人・仲間との関わりで「好き」「好奇心」を増やす

主体的になるステップ2：「好き」を大事にして、学びを促進する

主体的になるステップ1：仕組みに人を当てはめて強制しない／多様性を潰さない

これらのステップを踏んでいくのは親子・ご家庭

一貫した先生のサポート体制

個別授業や、教室を飛び出して探究するような講座によって、様々な先生と繋がって「好き・楽しい」の範囲が拡大していきます。更に他者との繋がりがあるからこそ、客観的に「自分」を知ることもできるのです。そうして、自分を知ったり、自分の好き・楽しいを深めていったりすることで「自分の軸」を持てるようになり、「自分で自分の人生を選択していく」ことができるようにもなっていくのです。この「自分の人生を選択する」ということも、中学受験で経験させてあげられることの一つです。

この一連のステップを親子が主体的に踏んでいくこと、塾側が一貫した姿勢で支えること、それが、私たちシグマTECHの考える中学受験2・0なのです。

小学校生活全体の豊かさのために、テクノロジーを有効活用する新しい受験塾

①通塾スタイル：対面かオンラインかを選択できる

シグマTECHは、2019年の開校当初からテクノロジーを積極的に活用した授業を行ってきました。テクノロジーを使う目的は、通塾時間を減らしゆとりを生み出せるため、また、個別最適化した教育を提供するためです。そのような下地があったので、2020年になり突然コロナ禍に見舞われても、1日も塾を休むことなく授業をつづけることができました。

Zoomを活用したオンラインの双方向授業と対面授業、両方の魅力を知ることになった今、主体的な中学受験のために、多様な通塾スタイル、学び方を提供できるように努めています。

そのため、平日の通塾方法は対面授業もオンライン授業もどちらも選択できる形を取っています。

オンラインのみの学習で中学受験ができる子というのは感覚的には２割くらいだと思っています（技術の発展により、今後より高まる可能性は秘めています）。オンラインに向く子は、一人で集中できる子で、聞くときは聞く、話すときは話す、かつ授業以外の別なものに興味がうつらない子です。または、家の方が落ち着きや安心を感じて、対面授業より積極的になれる子です。

逆に向いていないのは、オンラインでは他のことが気になってしまったり、ちょっとした一言を言いたくて仕方がなく、集中ができないという状態になってしまう子です。俗にいう「ふざける子」というのは、頭の回転や視点など素晴らしいことが多いのです。対面の授業であれば、そのちょっとした思いつきの一言から、授業が展開していくこともあります。そういったところで力を発揮していた子にとっては、オンライン授業ではミュートで待つ時間が多くなることで集中力がもたなかったり、参加している意識が薄れてしまいがちなのです。

また、テストなどのアウトプットとそのフィードバックはリアル授業の方が適しています。小学生は甘く丸付けをしてしまいがちなため、そこを丁寧に伝えてあげること、周りの鉛筆の音などから伝わってくる真剣さの中で解くこと、更には最終的な解答に至るまでの思考の過程を踏まえてフィードバックすることなどは、やはりまだまだリアル授業の方が勝っています。

それでもオンラインの魅力は、コロナ対策だけではなく、通塾時間を減らせることです。夕ご飯をゆっくり食べやすくなりますし、体調が悪いときには自宅で受けることに切り替えることもできますし、長期休みに行われる講習会などでは、旅先や実家から授業を受けることもできます。

全てオンラインを選択する家庭も一部ありますが、週の半分はオンラインにするなど、一部だけオンライン授業を取り入れる家庭は一定数います。対面授業で実際に顔を合わせたあとに、オンラインを活用することでネット上でも心理的に繋がりを感じやすくもなります。

授業は対面が良いと全て対面授業を選択する家庭もまだまだ多いです。しかし、ライフスタイルや価値観に合わせて、授業をオンラインでもオフライン（リアル）でも受けることができるように、コースを選択制にしました。

オンライン授業：Ｚｏｏｍで顔、タブレットで手元を映す

現在のオンライン授業の難点は、顔と手元が同時に見えないことです。リアル授業で

は、先生は顔はもちろんノートや子ども達の手の動きも見ながら授業をします。そのため、手元を映すことがオンライン授業には必要です。２０２０年度は手元を映す書画カメラでノートを映して授業を行いました。２０２１年度からはＭｅｔａＭｏＪｉＣｌａｓｓＲｏｏｍ（通称メタモジアプリ）を活用しています。このアプリは、リアルタイムで子どものノートの様子が見られるので、今までオンラインでは確認ができなかった手の動きを先生が把握できるのです。また、子どもたちの間でもお互いの解答や意見を見られる仕組みがあり、それを見ながら発言ができるので、子どもたち同士のインプットとアウトプットがどんどん繋がり、これまでにないおもしろい化学反応が起こっています。

②毎日のオンライン自学室（朝６時半からの自学室、夜は質問教室）

シグマＴＥＣＨでは、オンラインでの自学室を平日毎日、朝と夜に開いています。適度に人の目があることで、集中力が増したり習慣にしたりしやすいからです。通塾が必要なリアルな自学室は利用できる塾であっても、移動時間が妨げになります。少しの時間だけ勉強したいときや質問したいときに、わざわざ塾に行かなければいけないのは特に小学４、５年生にはハードルが高いです。

最初の緊急事態宣言では、そもそも自粛期間に外出ができないということが課題となりました。その解決策としてオープンさせたのがオンライン自学室です。

子どもはパソコンなどで自学室に入ってきて挨拶をしたあと、今日の学習計画を立て、先生と個別に確認をします。そのあと、別ルームで先生が見守る中で、自学を進めます。この自学室は、あくまで自由参加です。勉強がうまくいってない子には、「オンライン自学室でやってみたら」と声をかけることもありますが、原則は使いたい人が使う形です。

朝の自学室は6時30分から開いています。これはオンラインでないと実現できない時間帯です。中学受験はどうしても夜型になりがちですが、しっかり夜寝て、すっきりした頭で朝勉強するという、今まではできなかった新しい学習環境を提供しています。

夜の自学室では、質問対応の先生を多数配置し、質問も自由にできる形にしています。質問がある子は個別ルームに移動して、1対1で質問をし、指導を受けるようにします。わからないときに通塾日以外でも先生に直接質問ができる環境を作っています。

もともとはコロナ禍で学校がない中で、子どもの学びを支えたいと思い、スタートした仕組みでした。これが親御さんから大好評だったため、自粛期間終了後も形を変えて行ったのです。なお、リアルの自学室ももちろんあり、そこに自学や質問に来る子もいます。

③動画による反転授業

インプット授業の一部を動画配信しています。これは、単に黒板の前で教えているリアル授業を録画した動画授業ではありません。写真などのビジュアルを多用した、動画でしかできない構成にして、黒板や言葉だけではイメージしづらいものを映像で見せています。たとえば、社会ではスクールＦＣの名物先生が現地を訪れて撮った写真をうんと盛り込んでいます。資料をうまく動画内に組み込み、今までの授業よりもリアリティをもって伝えることができるようにもなりました。またよく言われることですが、動画は好きなタイミングで見返せることができるので、記憶の定着にも繋がります。

また、動画授業を見た上で対面（オンライン・リアル問わず）の授業に入ることで、そこではアウトプット中心の授業を行い、学びが相乗効果で深まることも感じています。つまり動画授業だけがいいということではなく、教科・単元によっては、通常授業に加えて動画授業も取り入れていくということを積極的に行っています。

「デジタルの活用により、一人ひとりのニーズに合ったサービスを選ぶことができ、多様な幸せが実現できる社会（誰一人取り残さない、人に優しいデジタル化）を目指します」

とは新しくできるデジタル庁のホームページの文言ですが、シグマＴＥＣＨも同じです。テクノロジーを駆使することで、中学受験での多様な幸せを実現したいと考えています。

一律を廃止！テクノロジーを駆使した取り組み～集団授業プラス個別指導

第1章でも書きましたが、今の中学受験の大変さの原因はハイスピードカリキュラムを全員に一律に与えていることです。たとえば、同じパターンの問題を、授業を含めると1週間で5回解く形になっている大手塾のテキストもあります。「大は小を兼ねる」という形で、その子の習熟に関係なく、一律に多くの反復練習を課すのです。そして、その大量の宿題のサポートは親御さんにお願いしています。親御さんは、競争環境の中にあると「与えられたものをやらせないとついていけなくなるのではないか」という不安から、その宿題をしっかりやらせようとなることが多いですし、宿題が少なく子どもが遊んでいると、「こんなに少なくて大丈夫ですか」と逆に宿題を与えてもらうことを望む傾向にあります。上手にサポートできる親御さんはその子に合わせて宿題を上手く間引いたり、宿題とは別の必要な勉強をさせることができるのですが、そのような受験のプロフェッショナルな視点とサポートを要求するのは、親御さんを追い込む原因にもなっています。

一律指導を減らし、個々によって課題を調整する。または、個別の悩みや質問に答えてあげる。それは、やはり塾の先生が向いています。これを集団指導塾でできるようになることが、中学受験を魔界化させない鍵です。つまり、集団授業に個別指導の要素を入れ、一人ひとり丁寧に見ることが魔界を脱出するための重要なアイテムなのです。

また、夕ご飯をお家で食べたり、習い事をしたりする時間を生む方法は、子どもの観察をつづけ、一人ひとりにカスタマイズすることしかないとすら思います。それを、力のある親御さんや心ある先生の努力に任せず、仕組みとして構築しているのがシグマTECHだと自負しています。これは今の時代の技術があって初めて実現できることでもあります。シグマTECHはデジタル技術を有効に活用して、一人ひとりの宿題の取り組みに寄り添い、理解度を確認しながら、日々の学習をサポートする塾なのです。

教育は、一人ひとりの個性に合わせて指導できることが何より大切だと思います。それぞれの家庭らしくのびのびと過ごせるように、デジタル技術の発展を活かしながら、これからもサポートを改善しつづけていきます。

①小学5年生以降、全員に毎週オンライン個別指導がある

シグマTECHでは、受験勉強の内容が本格的に難しくなる小学5年生以降には、全員

に毎週1対1の個別指導の時間を設けています。「最近の授業でなにかわからなかったことや質問はないですか」から始まる個別指導で、集団授業でのつまづきや悩みに答えます。それをクリアした上で、集団授業で扱うと取りこぼしがでやすい少し難しい問題を解きます。もちろんそれは一律ではなく、その子にレベルに合わせた問題です。苦手な子は、時に前の学年に戻って復習し、得意な子は先の学年の先取りを行うこともあります。また、1対1で先生を独占する中で、子どもも気軽に話ができるので、その子が安心できる居場所にもなります。ちなみに、受験の直前期の個別指導の役割としては、1月入試のできなかった問題の解説授業をするだけでなく、子どもを励まし勇気づけたり、笑わせたりすることで、それが受験を乗り越える力になっていました。

なお、手元カメラを活用して、表情とノートの両方を見ながら個別指導を行っているため、対面指導と変わらないサービスを提供できています。同じオンラインの集団授業では集中できない子どもでも、自分のタイミングで自由に話せる1対1の個別指導はとても集中して授業に取り組むことができます。

また、オンライン個別指導は、夕ご飯を食べたあとパジャマ姿で受講する子もいます。家庭教師と違い、家に来てもらうために部屋を整えたり、子どもと先生が1対1になる様子を注意して見なくてもすみます。余談ではありますが、この先のデジタル技術の発展によって、訪問型の家庭教師や塾にきてもらう個別指導は大きく減っていくのではないかと考えています。

②デジタルノートチェックで宿題を丁寧に観察する

授業を聞く以上に大切なのは、授業で学んだことを自分の力にすることです。そのために必要な演習が宿題として与えられて、子どもや家庭の努力に多くを任せているのが中学受験界の現状です。

宿題に取り組んだノートは、子どもの今の学習状況がひと目でわかるものです。それを観察して、その状況に応じてサポートをすることで、個別に具体的に学習を支えることができます。しかし、大手塾のほとんどの先生が、宿題には関与せず、定着についても確認することはありません。終わっているか終わっていないかのチェックのみ、もしくはそれすらしていない場合もあるそうです。授業で教える内容も多いため、授業をしながらノートチェックを細かく行うのは物理的に時間が足りなく、仕組み上、仕方がないことなのかもしれません。そのため、理解度については確認テストで個々の状況を把握することになっているのです。もちろん大手塾でも、担当の先生に相談すれば、宿題を調整してくれることはあります。それでも一人ひとりの理解度や取り組み方を見るのは、塾の仕事ではなく親の仕事というシステムになっているところは多くあります。

子どもが通塾してから、授業を受けて帰るまでに、なかなかノートチェックの時間は捻出できない。それならば、授業時間外にその時間を作れないだろうかと考えたのがデジタルノートチェックです。宿題を行ったノートを写真に撮り、専用のアプリにアップしてもらい、それを授業前に各教科の担当の先生が見てノートチェックをするのです。過去には、ノートを2冊用意してもらい、1週間ごとに宿題を解くノートを変えてもらい、その間に1冊のノートを預かり、しっかりとチェックをしていたこともありました。それを、デジタル技術を使ってアップデートさせたのです。

デジタル技術を使ったノートチェックに変えることによって、細かなフィードバックを残すことができるようになりました。たとえば、「とめはねに注意して漢字を丁寧に書けていますね」「ノート法をしっかり守り、算数の問題が解けていますね」「第一手目としてこの問題を表にまとめて整理して解いているのはとても良い視点ですね」「テストをしっかりと振り返り、復習に必要なポイントを上手にまとめられています」などと、肯定ファーストで子どもを認めるコメントを伝えます。

次に、宿題に取り組んでいる量やタイミングを見て、その子の学習サイクルの状況を把握します。宿題ができてない場合は、それを把握し、授業後に必要なものは取り組んでもらうこともありますが、子どもの状況によって対応を分けています。子どもの様子を観察し、状況を把握した上で、できていないことをあえて見逃すこともあります。頭ごなしに怒り、やらせることを第一にはしません。

ノートチェックによる取り組みの改善点の多くは、直接子どもに伝えて、親御さんの負担を増やさないようにもしています。

宿題を4教科まとめて1枚紙で伝える

デジタルノートチェックは、漏れなく宿題を写真に撮り、提出してもらうことが必要です。それには保護者の方の協力も不可欠なため、宿題は何なのかをわかりやすく伝える必要があります。そのために、1週間の4教科の宿題をA4サイズの1枚紙でまとめています。これは実は、子どもが宿題のボリュームを掴み、1週間のスケジュールを立て、やりきれるようにするためにも大切なことです。中学受験の宿題が多い理由の一つは、個々の先生がそれぞれ必要なことを宿題に出しており、他の先生の宿題を考慮していないためだからです。科目の先生が必要だと思って宿題を出していても、4教科になるととても終わりきらないということが発生します。つまり、4教科の総量を考えて、子どもの視点に立って宿題を出していないのです。宿題が行われているかをチェックしていないので、実際にできているかも省みられず、状況によって宿題の量が変わることもありません。

4教科の宿題をA4用紙1枚にまとめることで宿題の量を事前に調整することができ、無理無駄がないか、各教科で取り組み方にばらつきがないようにします。たとえば、理科は教科書を読んでから問題を解くという指示があり、社会は教科書を読まずに問題を解くという指示があった場合に、子どもが混乱しないように、取り組み方を揃えています。更に、子どもが取り組みやすい順番になっているかもチェックできます。

一方で、新たな悩みも生まれました。それは宿題表にわかりやすく書いてあることで、親御さんがそれを全てしっかりやらせないといけないと考えやすくなってしまったことです。調整したものであっても、中学受験の宿題は多いですから、やりきれない子どもは当然います。また、指定したやり方とは違うやり方・順番で宿題を進めても良いのです。でも、親御さんからすると、「ちゃんとやっていない」と捉えることに繋がってしまったのです。そこでもし親御さんや子どもが過度に負担を抱えている場合は、子どもに合わせて優先順位をつけたり、まずはこの課題から取り組み、できたら次はこの課題を取り組むというようなステップアップが見えやすい形に宿題表を変えるように努めます。

先生同士もより密な情報共有が可能になり、家庭を支える一助に

リアルでのノートチェックからデジタルノートチェックに変えたことにより、じっくりとノートを見てリフレクションを残せること以外にもメリットはあります。それは、先生同士の情報共有が更にしやすくなったということです。全教科の先生が授業前に一人ひとりのノートを見て、その情報を生徒管理用のメッセージアプリにそれぞれ上げます。それをもとに授業前にミーティングを行い、「この子にはこれを伝えよう」「この取り組みは皆に発表しよう！」などと打ち合わせをすることで、他の教科の授業で褒められたことや調子が良いことを先生同士で把握でき、子どもへの対応に活かすことができるのです。

先生をしていて思うことは、「子どもの話以上に先生を繋げる話題はないのではないか」ということです。授業前にノートを観察することで、その子の最近の様子やエピソードを話し合い、そこからの授業に活かせる仕組み（授業後も振り返りミーティングを行います）は、先生チームで一人の子を指導する、一つのご家庭をサポートすることに大き

く繋がります。この仕組みにより、先生全員：1家庭（親子）のやりとりの場を作ることができるのです。

また、「これを教えて、次はこの掴みでこれを教える」という授業計画に人を当てはめるのではなく、その場にいる「子どもを見て」授業内容を変えるということも大事にしています。

たとえば、クラスごとに苦手な問題の特徴に違いがあれば、その問題に特化した解説を入れることもあります。目の前に誰が座っていても同じ授業をするということではないのです。そんなことは当たり前だと思われがちですが、そうではない塾も一定数あるのです。そのような授業であれば、録画した動画を配信しているのと同じです。そのメンバーだからこその授業をするために、丁寧に子どもたちを観察します。

こうして先生たちが観察をつづけ、目は離さず、手を離して自立できることを最終的な目標にします。「子どもが自立をしていく」とは、つまり、子どもの可能性が広がっていくことだと思います。そして、子どもが自立していくプロセスでは、宿題ができない、間違ったやり方で解いてしまうという失敗経験も、また必要なものなのです。転ばぬ先の杖になるのではなく、見守る勇気を持つために、シグマＴＥＣＨが、その一端を支えられたらいいのではないかと思っています。

③コミニケーションアプリで親が安心できる環境作り

親御さんというのは、子どもをいつも近くで見ている存在ですし、一生懸命、子どもと向き合おうとしている分、どうしてもキツイ言い方になってしったり、マイクロマネジメントになってしまうこともあります。そこで必要になるのが、他者（塾の先生）の関わりです。中学受験では、子どもがいくら勉強を頑張っていても、成績が伸びないということもあります。たとえば、生活に大きな影響を与える親の心が不安定な場合、子どもの心も安定せず、努力した成果をうまく出せないということがあるのです。

そのようなことを避けるため、シグマＴＥＣＨでは、子どもに関心は持っていてほしいけれど、勉強についてはあまり親が口出しをせず、生活面のサポートだけをしてほしいと考えています。しかし、「よくわからない中学受験の世界」に入り、「我が子が頑張っているのか、もう少し努力が必要なのかもわからない」という状態で、「親の心の安定が第一です。勉強については口出ししないでください」とは言えません。

「子どもの自立、挑戦、背中を押してもらうために親が安心できる仕組みとは？」

その問いに答えるために、シグマTECHでは、親御さんとのコミュニケーションと子どもの宿題チェックがオンライン上でできる仕組みを作り上げました。

前述したように先生同士がチームとなって繋がることは、先生の「見る視点」を増やすだけでなく、受験生を抱えて不安になりやすい親御さんのサポートでも役に立ちます。

必ずデジタル上で行う宿題チェックに対して、先生が子どもに対して書く授業の様子も含めたコメントを見ることで、親は自分の知らない我が子の姿を垣間見ることができるのです。我が子は授業中、どんな「様子」なのか、我が子はどんなところが「得意」なのか、どんな「いいところ」を持っているのか、そういったことが毎週積み重なっていくことによって、不安が解消され、我が子に対する自信も芽生えてくるようです。また当たり前ですが、宿題について先生がしっかりと見てくれているという安心感にもなります。

このオンライン上のやりとりは塾専用コミュニケーションアプリＣｏｍｉｒｕ（通称コミル）の「指導報告書」という保護者への連絡ツールを使っています。授業の報告を送るだけではなく、子どものノートの写真をアップしてもらい、それに対してのコメントを送るなど、双方向のやりとりを密に行えるようにしています。

親御さんは電話やメールだけでなく、コミル上で相談などをすることもできます。ここでは、教科の先生への具体的な相談をしてもいいですし、逆に漠然とした不安を話してくれることでもいいのです。このコミルに関しても、先生チーム全体でサポートすることができるのです。

この仕組みによって、親は不安になったら24時間気軽に相談ができますし、我が子の様子や成長も常にわかりますので、安心して任せていただけるようになったのではないかと思います。「親が口うるさく言わなくても、先生が我が子にどのようにアプローチしているのかが見えるので、親子関係が崩れることなくいける」という感謝の言葉もいただいています。

「意志の弱い自分」と一人で向き合い、自律していくのは大人でも難しいことです。子どもが自律し自立していくための強力なサポーターとして、私たちは繋がっていきたいと思っています。人は、つまずいたときに、戻してくれる存在がいると思うから、進めるという部分があると思うのです。子どもがつまずいたときに、責めるだけでなく、叱るだけでなく、一緒に立ち上がる応援隊、サポーターとなりたいのです。

シグマTECHでは、中学生になっても伸びつづけるために、中学受験がその子らしく生きるためのキッカケになってほしいと考えています。そのためには、親御さんにも、

「我が子が中学受験に向かう3年間を楽しんでほしい」「中学受験はいい経験だった」と思ってほしいのです。親にとっても我が子にとっても、人生1回きりのこの時間を、不安で行動してほしくはありません。是非、この中学受験の3年間を、子どもにとっては我慢の日々であり、親も我慢するという時間ではなく、七転び八起きで失敗をしながらも、過程もハッピー、結果もハッピー、進学先でもハッピーな期間にしてほしいと思います。

その子にあった宿題のやり方・学び方もサポート

シグマTECHでは、デジタルノートチェック、オンライン個別指導というテクノロジーを駆使して、宿題をその子に合う形にしているだけでなく、宿題の計画を立てることを小学4年生から練習していきます。様々な仕組みで、宿題の量を調整したものであったとしても、今の中学受験はやはり量は多く、簡単にできるものではありません。最初はできなさそうに思えることでも、自分のスケジュールを可視化し、自分にとって一番効率のいい学習法、学習時間、タイミングを見つけてもらえるようにサポートしています。

そのために自分の1週間のタイムテーブルを作り、それを見ながら進めていくことを学んでいきます。仕事ができる人は時間の活用方法がうまいと言われますが、まさにその練習を小学4年生からしていくのです。

自分の1週間のタイムテーブルを作った目的の一つに、誰かに注意をされずに、勉強に向き合えるようにすることがあります。自分で自分の学習時間を見つけ、能動的に動けるようになることは、中学受験勉強に役立つだけでなく、中学・高校に進学してからも、自学ができることに繋がります。もちろん、社会に出てからも役立ちます。

しかし、親が全てタイムスケジュールと課題を決めるような形で受験勉強をしてきた場合、中学校に入り部活に熱を入れ始めたときに、自学が全くできないという課題を抱える子も多いそうです。いずれにせよ、「自分で自分を律し、自学ができる力」、要するに自分が学べる環境や自分なりの学び方を知っていることが、私立の中学校に進む上でも重要なのではないかと思います。

たとえば、バイオリズム的に朝の方が集中できる人もいるし、夜の方が集中できるという人もいます。極端な夜型はオススメしませんが、朝はどうしてもぼーっとしてしまい、調子が優れないのであれば、もし、朝も勉強をするならば、どんな種類のものがいいのか等、工夫していく必要があります。全員に効果的な学習法、学習タイミングというのはありません。シグマTECHでは、個別指導や自学室などをカスタマイズできるようにして、中学受験勉強の時期を、オリジナルの学習法を見つけていく時期にもしてほしいと考えています。

そのためには、小学生が０から自分に合う学習法を生み出すのは大変なので、提案されたやり方をやってみて、どうだったのかを振り返り、仲間の工夫ややり方も参考にしながら、本人が自分に合う学習方法を見つけていくことが大切です。この学び方を学ぶをすることにより、世の中にあふれているＨｏｗ Ｔｏを取り入れてはつづかずに失敗するということが減り、そもそも自分に合いそうな方法論を選択し、カスタマイズしていける人に育っていけるのではないかと考えています。

そして、この自分流の学び方を知るということは、将来の仕事の仕方や生き方にもきっと繋がっていくはずです。

■コラム　宿題をやらないことも一つの自立

低学年は学習習慣をつける大切な時期であるため、宿題はできるようにさせてあげたいことの一つです。決めた時間に行う、1日でやりやすい時間を考える、習慣になるまでは横についてやる、勉強するのは当たり前だよと伝える、ご褒美をあげる…様々なやり方があります。

しかし、宿題をやらないのも一つの個性として、認めてあげる必要も時にはあるのではないかとも思っています。

2020年12月15日（火）、1月10日から始まる埼玉入試まで1ヶ月を切った年の瀬のことです。

「見つかりましたか」「いえ、見つかりません」「本当ですか…。さすがにこの時間なので、警察に行きましょう」と私とRくんのお母さんとでやり取りをしました。お互いに顔はこわばっています。

この日は、自学室に行ったはずのRくんが行方不明になっていたのです。終わる時間になっても退室してこないため、不審に思ったお母さんが塾に連絡し、来ていないことがわかりました。

けれども家にもいない。塾をサボるのは初犯ではなかったため、しばらくしたら家に帰ってくるだろうと思っても、帰ってこない。そこで、お父さんには家で待機してもらい、お母さんと一緒に御茶ノ水駅やその付近のコンビニ・本屋を巡り、友だちの家へ電話をし、駅員さんへの捜索願い…しらみつぶしに探しました。でも、見つからない。私は会社に連絡をし、他のスタッフにも探してもらい、更にお母さんと警察へ。「お連れの方は旦那さんですか」「いえ、塾の先生です」などと警察官とやり取りしながら、捜索願いを書きました。「大丈夫ですよ。絶対見つかりますよ。気まずくなって、どっかに隠れてるんじゃないですか～」と安心してほしくて、お母さんに笑いながら話しかけ、お母さんも「本当に、全く、も～」などと明るい表情で受け答えしてくれていましたが、23時半になっても見つからなかったときには、万が一のことを考えて、一瞬、怖さがよぎりました。結局見つかったのは、24時過ぎ。「最寄り駅の近くにいました」と聞いたときには、大きく胸をなでおろしました。

このRくんは、日々の宿題をやりきったことは一度もなかったかもしれません。やらなければいけないことと折り合いをつけることができませんでした。（そういう葛藤の中で、受験をやり抜いたことは素晴らしいことですが）

そんな彼ですが、第一志望の武蔵中学校に見事合格。御三家に行く子は、全員が日々きちんと勉強して合格しているのだろうと思われる方も多いので、このような事例をお伝えするのも意味があるのではないでしょうか。そして、私の経験上、これはレアケースというわけではないのです。もちろん、Rくんも葛藤の中で取り組もうとしたこと、中学受験の宿題の量がとても多く、やりこなすのが大変という背景も考えなければいけません。それでも、全ての子が一様に宿題をしっかりこなさないといけないわけではないという大切な視点を教えてくれます。

「共働きの我が家が頭を悩ませていたのは、一人留守番の時間に、どうやって自立して課題と向き合うことができるようになるかということでした。後半では、TECHの先生方から、課題を個別に選定・指示などの手厚い支援をいただきながら向き合うことになりました」とお母さんが受験を振り返ったように、合格するために必要な宿題をどのようにこなしていくのか、ということがRくんの最大のポイントでした。

白状すると、私はRくんに対して自分の目標に向かって頑張れないことを厳しく怒ったこともあります。あの手この手で工夫しましたが、やらせることができない自分への悔しさを感じるときもありました。同時にRくんに勉強を押し付けていないかという気持ちも常にあり、どうやったら彼らしい受験ができるのか……とも思っていました。そして、やらなければいけないこともありつつ、彼らしさを失わないようにバランスを取りながらも、志望校の合格を叶えたいという葛藤が常にありました。（もちろん、終始授業は楽しくやっていましたし、そういう子どもと関われることにやりがいを強く感じています）本人と何度も話し合って宿題の意味づけをしながら、家族のサポートもいただき一緒に歩んできたように思います。

目標に向かって頑張ることの大切さを伝えるのを諦めてはいけませんし、その子がどういう形なら学べるかも考えつづけなければいけません。ただそれでも、どうしても宿題をやらないとき、それも本人の意志の顕れと見て、自立の一つと考えて受け止める必要があります。甘い考えを無くすためにしっかりとやらせる以外にも、その子の個性を活かしてどう対応するかを考えることも大切なことだと思うのです。

受験などで「我が子がちゃんと勉強しない」と嘆く親御さんは、勉強をさせることができない自分自身への負い目や、「親として私がちゃんとしなければいけない」という責任感もあって苦しんでいることが多いように感じられます。その葛藤で、気がついたら子どものできていない面ばかり目につくようになってしまうことがあります。

そんなときは、子どもの個性や良さを改めて思い出してみるといいと思います。

教室から離れてフィールドワークを行う日曜探究講座で、勝海舟記念館に行ったときのことです。Rくんは友達が次の展示に行ってしまったあとも一人残り、展示物の横に立ったまま、熱心にメモをとり学んでいました。壁にテキストをぐっと押し付けながら、気になったことを書きつけていたのです。日々宿題ができない姿もこういう熱心さも共にRくんの個性なんだ、と強く思ったこの光景は今でも忘れられません。やらなければいけないことをさせるときには、いつもこの光景を意識してマイナス面だけで見ないようにしていました。他にもRくんは授業でも質問が上手で、気になったことをとことん突き詰めて取り組む集中力を発揮していましたし、「教室図書館」などで本を借りて興味があることを自分で学ぶ姿勢がありました。そういう良さは言葉にしてメモにして残していました。

「させなきゃいけない」という責任感から少し離れて、様々な側面から子どもを見てあげることで、葛藤からふっと離れる。学校や塾の先生などの他人から言われる子どもの良いところを、素直に聞いて喜ぶ。いつも子どもを再発見するような気持ちで見つめてあげると視点が固定化しないと思います。

Rくんの書いた「支え」という受験体験記から、最後の文を紹介します。

「TECHやFCの先生、そして家族、多くの人が自分を支えてくれたおかげで取れた合格だ。そして、支えてくれた人がいてくれて良かった、と強く思う」

勉強がもっと好きになる中学受験

①好きと好奇心を育む「探究講座」

シグマTECHは、悪い意味での子ども扱いをやめ、子どもたちの自立・自律をサポートする場になるようにしています。また、習熟度別のクラスはありますが、露骨なランク付けによって勉強をさせるのではなく、自分の成長に目を向けて、好奇心を持って学習に臨めるようにしようと考えています。

なぜなら、これから正解のない世界を生きるためには、目に見える点数だけでの競争で価値観を作ってほしくないと思ったからです。人は本来、学ぶことは好きなはずです。その学ぶことを嫌いにさせてしまうような仕組みはできる限り、取り払うことにしました。そうすることで、今の一般的な受験塾の常識から考えると非常識なこともありますが、子どもが楽しいな!学びたいな!という気持ちをかきたてることに成功できたのではないかと思っています。

主体的に学ぶ姿勢とは、授業に前のめりで参加し、勉強にも自主的に取り組むことが一つです。もう一つは、自分の好奇心の赴くままに「探究」することです。

シグマTECHには、好きという気持ちや好奇心を育むために、体験型授業の日曜探究講座を月に2回ほど開催しています。この講座は、各科目のトッププロの先生が行う特別授業です。その教科が好きで好きでたまらない先生が、受験の教科書を拠りどころにしながらも、それに縛られることなく、「このおもしろさを伝えたい！」というテーマを選んで授業をします。

日曜探究講座のスケジュールとしては、午前中の座学で「正しく見る」ための知識を学んだあと、たとえば、社会では史跡に、理科では動物園や野鳥公園に出かけます。そこで味わう、テキストの知識と実物（現実）が繋がる感覚。これは学びの一つの醍醐味です。つまり、「テキストで習ったことは、外の世界と繋がっているんだ！」という実感・手触りが残るのです。

「本当に見るから、覚えやすい」と子どもたちにも大好評です。「キラキラ顔で帰宅してきて、そして『お母さんも子ども時代に出会えていたらよかったね』と息子に言わしめた『学びの楽園』、探究講座」と興奮気味に伝えてくれた家庭もあります。

社会や理科以外にも国語や算数の講座もあります。

国語では、名作とされていてもなかなか手に取れなかった作品に触れて読書の世界を広げたり、算数では、たとえば、卒業生が作成した問題に個人やチームで挑み、「入試よりもっとおもしろくて難しい問題」に挑戦したりしています。

この講座の魅力は親子が一緒に学ぶことでもあります。素材は受験に関連していますが、おもしろさや感動は、学年や受験範囲に縛られる必要はありません。高校や大学で習う内容も含まれているので、大人が聞いてもとても学びがあるのです。

そして、親子一緒に学ぶからこそ、その後も共有し、内容を深めていくことができます。教える・教えられるという関係ではなく、ともに学ぶことで親子が同じ視線になる。親が楽しんで学ぶ姿は、子どもの興味をかきたてる最高のスパイスです。親が子どもに教える以上の効果があるかもしれません。そして、親子で行った場所や時間は、受験勉強における笑顔の思い出になります。

おもしろい先生と繋がる、教科書と実体験が繋がる、親子がともに学ぶという形で繋がる、ともに学ぶ別の家族とも繋がる…。探究講座は、学びを促進する、新しい出会いに満ちた講座なのです。

探究講座の狙いは、授業を担当している先生以外の先生（大人）と子どもを繋ぐことにもあります。その教科に精通しているたくさんの魅力的な先生と子どもを繋ぐことで、新しい知識に出合う。多様な繋がり方は、多様な学びに直結します。

私たちは学びの一つの方法として、このような繋がりを大切にしています。すでに紹介した一人ひとりの先生と子どもや親を繋ぐ個別指導やノートチェックやコミニケーションアプリもそうです。

併せて大切にしたいのが横（クラスメイト・仲間）の繋がりです。クラスの昇降が激しいと、トップのクラスにずっと在籍できる子以外は、隣に座っている人の名前もわからず、また関心もなくなります。そうではなくて、隣の人と繋がりがある塾でありたいと思っているのです。仲間がいるから楽しい。仲間がいるから頑張れる。聞いてくれるから、居心地がいい。繋がりがあるから、自立できる。

私も、これまで苦しかった時期を乗り越えてこられたのは、部活の仲間の存在や、会社の同期や上司など、たくさんの繋がりのおかげです。学習塾であっても、子どもが持つ繋がりはとても大きな頑張る力になるのです。

・国語読書講座「小学生版　旅する読書　ー自分だけの『物語』をー」
・国語講座「落語講座（高座）ー落語を知り、言葉を面白さを知るー」
・国語講座「言葉の海へようこそ　ー国語辞典のおもしろい世界ー」
・算数講座「算数オリンピックに挑戦！」
・算数講座「いもいも教室　小学生版」
・算数講座「K先輩からの挑戦状！算数謎解きゲーム！」
・社会講座「武蔵国の華　国分寺を歩く」
・社会講座「開国の町・横浜　歴史巡りの旅」
・社会講座「大坂秋の陣　大阪から生中継」
・社会講座「第五福竜丸事件から考える　ー原子力と日本、そして世界ー」
・社会講座「親子で学ぼう！中東・イスラーム」
・理科実験講座「『危険』の本質を知る、乾電池を分解しよう」
・理科講座「動物の進化合戦　～君たちは生き残れるか～　上野動物公園にて」
・勉強法講座「『東京都私立学校展』へ」
・勉強法講座「『ようこそ先輩』先輩の学校・受験攻略法大公開」

■コラム　日曜探究講座「世界の空を繋ぐ」

2020年6月21日、「日食×夏至×父の日　世界とつながろう」と題した探究の特別講座を行いました。コロナ禍だからこそ、オンラインを使って世界と繋がりたいと、スクールFCで企画したものです。

当日は、花まるグループ代表・高濱正伸の講演「お父さん、そしてご家族へ」と、スクールFC名物講師陣による、日食についての理科と社会の特別授業を開催。その後、日食の様子をリアルタイムでライブ配信し、世界中の日食を繋げて一つの「日食アルバム」を作り上げました。

花まるグループに通っている子どもたちと保護者の方々に加え、日本そして世界各地のリポーターとリアルタイムで繋がりました。フランス・デンマーク・韓国・サウジアラビア・タイ・台湾まで…！生中継のライブリレーの中で次々と映る世界の空に、主催の私たちも見ている間中、胸が踊りました。

韓国の目の覚めるような真っ青の空では、日食が少し始まっています。次に映るのは、曇り空の京都・奈良でした。そして、東京はもっと暗い空、小雨でまったく太陽が見えません。しかし、同時刻の青森に切り替えると、打って変わって快晴、太陽が欠ける様子がわかります。更に海外に飛び、サウジアラビアのモハメドさんからの日食のレポート、「4時間前に日食が終わりました。そのときの写真がこれです」とその太陽が欠ける様子が鮮明に描かれた写真が画面いっぱいに広がります。

まるでテレビ中継のように、世界と瞬間で繋がるダイナミズムのおもしろさ。高濱は「子どもたちに世界と繋がることは簡単だと伝えられたね」「この楽しさと手軽さを知ってしまったら世界と繋がろうとするよね」と言います。

印象的だったのは、太陽の見えない空も物語に欠かせない大切な一部になったことです。レポーターの残念そうな様子に惹きつけられますし、それがあるからこそ、晴れている地域も引き立ちます。また、曇り空を背景に、夏至にいちじく田楽を食べる名古屋の風習を伝えてくれた女の子がいました。空だけでなく、地域のレポーターごとの色があります。東京で空を見上げていただけだったら、「残念ながら日食見られなかったね」で終わっていた日を、「曇っていたけど、良かったね」と心から思うことができました。

レポーターをしていただいたあるご家庭からは、「花まるのみなさんと、日本のみなさんと、世界のみなさんと同じ空を見上げて繋がれたこと、もうそれだけで十分ですね！家族揃って参加できたこと、宝物となりました」と、このイベントの願いそのものの言葉をいただきました。

その人の身近な当たり前が、誰かにとっての特別になる。繋がることで、一人ひとりの経験が重なり、反響し、みんなの一つの大きな経験になる。オンラインだからこその、可能性に満ちた一日でした。

②子どもが発表するプレゼン大会

シグマTECHでは、受け身で学ぶだけでなく学んだことをアウトプットする機会として、定期的に、自分のお薦めの本を紹介したり、学んだことを皆に発表するということを授業や探究講座で行っています。たとえば、「みんなで作ろう歴史図鑑」という授業では、一人3分間で、自分が好きな歴史人物を1名発表して、最後に誰の発表に心が一番動いたのかを投票します。いわゆる〝プレゼン〟というものなのですが、今の子どもたちはデジタルネイティブなので、写真とか動画をバンバン使ってきます。写真の使い方もうまく、工夫も上手です。ただ一方通行に話すのではなく、相手をワクワクさせることもできているのです。また、お互いの発表を聞いて、いいところを自分に取り入れていく柔軟な姿勢も素晴らしいです。発表という場があることで、相乗効果が生まれます。子どもは子どもに学ぶとは、正にこのことだと思っています。

中学受験2.0
～シグマTECHの取り組み～

■多様性、自分らしさ、各家庭らしさを失わず、カスタマイズできる塾
■個々に合ったベストな学習方法の獲得を可能にする塾
■親が頑張る受験ではなく、親が安心できる仕組みの受験を行う塾
■探究する力を「詰め込み」と言われる中学受験勉強の中でも身につける塾

■コラム　隣は仲間

「僕はこの合宿を通じて、『仲間』の大切さを学びました」

これは、スクールＦＣの夏合宿で私が担当したクラスの小学６年生Ｙくんが書いた作文の冒頭です。

夏合宿は４泊５日で、１日10時間以上勉強するという鍛錬の時間そのものです。しかし、その中身は重く憂鬱な時間ではなく、常に明るさと笑いがありました。

私は、この合宿で一つのクラスの責任者を任されました。そこでは授業をしっかり行うのはもちろんとして、それに加えて「自学力」向上のため、机での姿勢や質問の仕方を伝えました。また、明るく本気で勉強する雰囲気作りや、子どもが受験勉強をやらされるのではなく自分自身の目標として取り組めることを意識しました。そのため、個別面談を何回も行い、子どもの話に耳を傾けました。同時に自分の想いをのせていろいろな話をしました。

その中で「仲間で勉強することの大切さ」も伝えました。一生懸命を楽しむためには、仲間の力が必要だと考えていたからです。

「友達と仲間の違いって、わかるかな。友達は自分の好きな人となり、嫌だったら無理になる必要はないよね。けれど、仲間は選べない。たまたま出会ったその場で、そこにいる人たちと作っていく必要がある。今、この合宿で出会った人たちがそうだし、将来仕事なんかでも、偶然集まる人たちと作っていく必要がある。出会った人と仲間になれるかが、幸せな時間を過ごせるかの大きな鍵になる」

「仲間を作るにはルールを守る必要がある。たとえば、嫌いな人には挨拶しないとか集まりに遅刻するとか、そんなことをしたら仲間はずれになるんだ。だから、どんな人にも挨拶できるようになりたいし、時間を守れるようにもなってほしい。仲間の存在が勉強をする君の力になるのなら、勉強は教室だけでするものじゃないよ。合宿では、そういう時間の過ごし方も大切にしてほしい」

「これは勉強合宿なので、もしかしたら、このクラスの中で一度も話をしない人もいるかもしれない。でも、たとえば、その人が自習中に一生懸命鉛筆を動かしていたら、自分も頑張ろうと思えるよね。そういう人は友達ではないかもしれないけど、仲間なんだ。逆に、その人がうるさくしていたらどうだろう。勉強のやる気が少し落ちるんじゃないかな。クラスが仲間になれるかは一人ひとりの行動にかかっている。だから、みんなでいいクラスを作ろう。仲間になろう」そんな話をしたのです。

「初めてこのクラスとわかったとき、知らない人ばかりで、席も四方八方知らない人ばかりの場所でした。でも、だんだんとその人たちと仲よくなったり、みんなで団結して、１位を目指したりしたときに、同じ受験生でも、先生の言っていた通り『隣は仲間』なんだと思いました。一緒にふとんを敷いたり、歯磨きをしたりとチームで行動するときにも感じました。それが一番心に残ったこと、一番楽しかったことです。

心に残ったことは他にも、嫌いな野菜を残さず食べたり、姿勢を意識できるようになったことです。勉強合宿で学んだことを活かして、明日からは、テストで油断せず集中して取り組み、姿勢を意識して勉強に励んだり、隣はいつも受験するライバルとして見るのではなく、仲間だということを意識して、S中に向けて前向きに走ろうと思います」

これは冒頭の作文のつづきです。

「勉強って楽しいな」

そう子どもたちが思えるためには、勉強の中身だけを整えるのでは足りず、「隣は仲間」と思える環境も必要なのだと思います。

おわりに

中学受験がそれを選択した全ての家庭にとって「幸せな受験」であってほしい、その想いは、年を追うごとに受験での出会いを重ねるごとに強くなっています。それは言い換えると、仮に不合格になったとしても、その親子が「中学受験をして良かった」と胸を張れる受験にしてあげたいということでもあります。

こういうことを言うと、「幸せな受験」は「綺麗事だ」とか「不合格の言い訳だ」という言葉をいただくことがあります。もちろん、綺麗事や言い訳にならないように結果に真摯に向き合い、一つひとつの家庭に寄り添うことを毎年毎年不断に行うことが必要です。しかしむしろ、塾をやっている人間が合格だけ語ることこそ、都合のよい「綺麗事」ではないでしょうか。中学受験は第一志望の合格率が3割と言われる世界です。私は中学受験を担当して15年以上経ちますが、全員を第一志望に合格させられた年はありません。それは一定の人数を抱える塾ならばどこでもそのはずです。

難関校の定員は決まっている、言わば限られた椅子です。そこを美しく見せ、そこへの憧れを作り参加者を増やすことは、同時に不合格者を増やすことでもあります。また、成長過程での受験であり、他の受験と比べて個々の発達段階の影響も強いため、必ずしも努力すれば成果が出る・合格する世界とは言えないのです。塾産業の構造上、どうしても合格という光の側面ばかりが強調されますが、第一志望が不合格でも素晴らしい受験をした家庭は山のようにあります。極端な言い方をすれば、中学受験塾はたとえどのような結果になったとしても、ご家庭から「幸せな受験でした」と言ってもらえる努力を重ねないといけないと思っています。授業や合格への指導力がなかったり、一人ひとりに向き合って指導していなかったら、第一志望に届かないときに、到底そのような言葉はいただけないでしょう。

そして、中学受験を全ての家庭が誇りにできるためにこそ、中学受験を魔界にしてはいけないのです。プロセスにおいて、我慢や諦めを強いられたり、不安を過度に煽られたり、親子喧嘩や詰め込み学習が多発したり……ということをできる限り減らす。この受験に努力はつきものですが、将来に対して不安だから努力するだけではなくて、それ以上に授業が楽しいから主体的に学ぶ、塾の先生や仲間が好きだから前向きに取り組む。北風と太陽の寓話で言うと、今の中学受験産業の頑張らせ方は北風です。私は太陽のやり方でも、いえ太陽のやり方こそ、子どもは伸びると信じています。

シグマTECH1期生の受験を終えて

1期生の受験が終わった今、子どもたちの感想の大半は「第一志望に合格できて良かった！」「いい受験になった！」「成長できた！」というものではありませんでした。異口同音に「楽しかった！」でした。

入試前日の壮行会も笑いが絶えず、当日のZoomをつないでの入試応援は、それぞれに緊張感はありながらも話すと誰もが笑顔をみせてくれ談笑になり、入試後に集まった塾最後の日も「楽しかったです」で終わる。塾としては成果を出せたことにホッとしつつ、子どもたちにとっては「合格できて嬉しい」というよりも「楽しかった」ということの方が強く印象に残っていることを改めて感じさせられました。

楽ではない中学受験で、「楽しかった！」と言えたというのは、子どもにとってかけがいのない財産です。与えられる楽しさではなく、自分で主体的に取り組むことができたからこその楽しさを知ったのですから。今後も、卒業生が自分の心の動きを大切にしてワクワクすることに取り組み、その瞬間瞬間で楽しさを重ねながら、経験を増やして前に進んでほしいです。

この楽しさは、授業で学ぶことを心底楽しみ、いい仲間たちと切磋琢磨し、夕ご飯をお家で食べる中で、親子も程良い関係を築いてこられた結果なのだと思います。

親御さん方も一般的な受験スタイルとは少し違うスタイルのシグマTECHの授業のやり方についてきてくれました。一般的なやり方とは違う選択をするとき、自分の覚悟が問われると思います。先人がいるわけではなく、新しい試みの塾なのだから自分がどれだけ信念を持って選べるか……ということになるのです。その親御さんたちの感想は「安心していられた」というものが多くありました。安心できるということは、言い換えると「相談したいときにできた」ということなのかもしれません。それが可能だったのは、従来の電話や対面での面談に加えて、デジタル技術を駆使し、たくさんの先生と様々な手段で繋がれたからです。特に2020年度はコロナ禍でリアルに会えない中で、新しいツールが大きな力を発揮しました。

シグマTECHがテクノロジーを駆使して作るのは、豊かで温かな繋がりです。そして人との多様な繋がりこそが「受験が楽しかった！」の最大の理由だと思います。

これからは、正解がない時代です。だからこそ、各家庭がその家庭らしさを大切にできる中学受験であってほしい。「夕ご飯をお家で食べる」というのはその一つの例に過ぎないかもしれません。

子どもが子どもらしく、のびのびと精一杯取り組む中学受験に。

取り組む全ての家庭に成長と温かさをもたらす中学受験に。

本書では「中学受験は魔界です」と言ってきました。しかし、その現状をしっかり把握し、それぞれのご家庭らしさを大切にされ、子どものがんばりを認めて臨みさえすれば、魔界に陥らず中学受験を最高の機会にできると思います。今後ますます進歩するデジタル技術が、中学受験で親子が笑顔になることを後押しもするでしょう。シグマTECHはそのような受験を叶える塾でありたいです。

親子が幸せになる中学受験を心から願っています。

2021年春　伊藤潤

伊藤潤（いとうじゅん）
シグマTECH代表

花まるグループ スクールＦＣ 業務支援部副部長
開成中・麻布中などの最難関ゼミの算数を担当。御三家をはじめとする難関校に多数の教え子を輩出。一方で、中学受験を始める段階での差を少しでもなくすために、花まる学習会の教室長として幼児期の教育現場にも立ち、年中から中３生までの指導に関わっている。中受への問題意識から「週２日の通塾、夕ご飯をお家で食べて志望校に合格する」をコンセプトとした、新しい中学受験塾シグマTECHを2019年度に立ち上げ、その代表を務めている。１期生13名は、御三家・筑駒・筑附・早慶・駒東・海城…等の難関校に多数合格。
【シグマTECH】HP　https://www.schoolfc.jp/sigmatech/

シグマTECHでは、一緒に教育の未来をつくっていく新しい仲間を募集しています。シグマTECHの仕事に興味があるという方は、下の応募フォームよりご連絡ください。

【応募フォーム】https://forms.gle/YP6AwSPcT6FshzQv5

【ダウンロードページ】＊こちらのリンクより、本書の資料の PDF をダウンロードできます。

また、本書で紹介した URL の情報についても掲載しています。

https://www.essential-p.com/info/jyukendownload/

中学受験を魔界にしない！合格×親子の幸せを叶える！
オンラインを駆使した中学受験 2.0

2021 年 5 月 11 日　初版発行

著　者　　伊藤潤

発行者　　小林真弓
発行所　　株式会社エッセンシャル出版社
〒 103-0001 東京都中央区日本橋小伝馬町 7-10
ウインド小伝馬町Ⅱビル 6F
Tel 03-3527-3735　Fax 03-3527-3736
URL https://www.essential-p.com/

印刷・製本　株式会社アクセス

ISBN 978-4-909972-16-3　C0037